Nikki Buschs kreativer

Mein dicker Spaß- und Rätselblock

Ab 8 Jahren

Dieser Block gehört:

....

....

....

AF204557

CARLSEN

Rätseln, Malen, Schreiben, Rechnen, Knobeln und Lachen

Viel Spaß mit dem Spaß- und Rätselblock!

DU BRAUCHST DAFÜR:

* Stifte, am besten bunte
* Lust und Laune
* deinen Kopf

Du kannst auf der Seite anfangen, die dir gefällt, oder den Block von vorn nach hinten durchknobeln.

Die Lösungen stehen meist auf der Rückseite, manchmal auch unten auf derselben Seite.

Das Zahlenalphabet und das Hunderterfeld kannst du raustrennen und für einige Aufgaben zu Hilfe nehmen.

Ganz hinten findest du ein paar leere Seiten für dich zum Rechnen, Schreiben und Kritzeln.

Das Zahlenalphabet

A	B	C	D	E	F	G
1	2	3	4	5	6	7
H	I	J	K	L	M	N
8	9	10	11	12	13	14
O	P	Q	R	S	T	U
15	16	17	18	19	20	21
V	W	X	Y	Z	Ä	Ö
22	23	24	25	26	27	28
Ü	ß					
29	30					

Das Hunderterfeld

1	2	3	4	5	6	7	8	9	10
11	12	13	14	15	16	17	18	19	20
21	22	23	24	25	26	27	28	29	30
31	32	33	34	35	36	37	38	39	40
41	42	43	44	45	46	47	48	49	50
51	52	53	54	55	56	57	58	59	60
61	62	63	64	65	66	67	68	69	70
71	72	73	74	75	76	77	78	79	80
81	82	83	84	85	86	87	88	89	90
91	92	93	94	95	96	97	98	99	100

Mit Holz und Messer

Für welches Handwerk braucht man ein Messer und ein Stück Holz?
Schreibe jeden dritten Buchstaben aus dem Holzwurm auf.

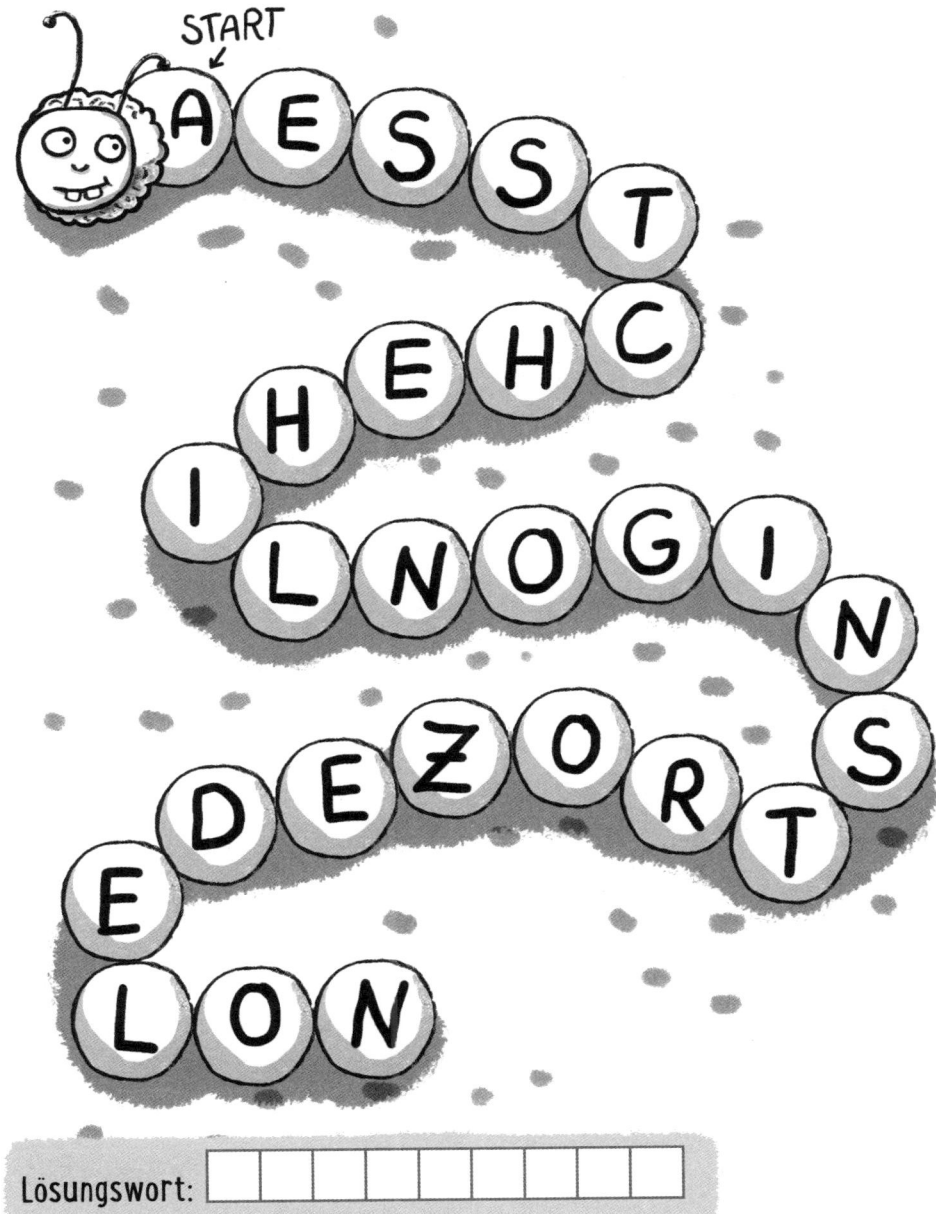

START

A E S S T
C H E H C
I H
I L N O G I N
E D E Z O R T S
E
L O N

Lösungswort: ⬚⬚⬚⬚⬚⬚⬚⬚⬚⬚⬚

Zungenbrecher

Zähle, wie oft die Buchstaben S und Z in diesem Zungenbrecher vorkommen.

S = ____ Z = ____

> Siebzehn Schnitzer, die auf siebzehn Schnitzsitzen sitzen und mit ihren spitzen Schnitzern Ritzen in ihr Schnitzholz schlitzen, wobei sie schwitzen, sind siebzehn schwitzende, schnitzende, auf dem Schnitzsitz sitzende, spitze Schnitzer benutzende Schnitzholzritzenschlitzer.

Zahlensuche

Schreibe die gesuchten Zahlen in die markierten Felder
im Hunderterfeld:

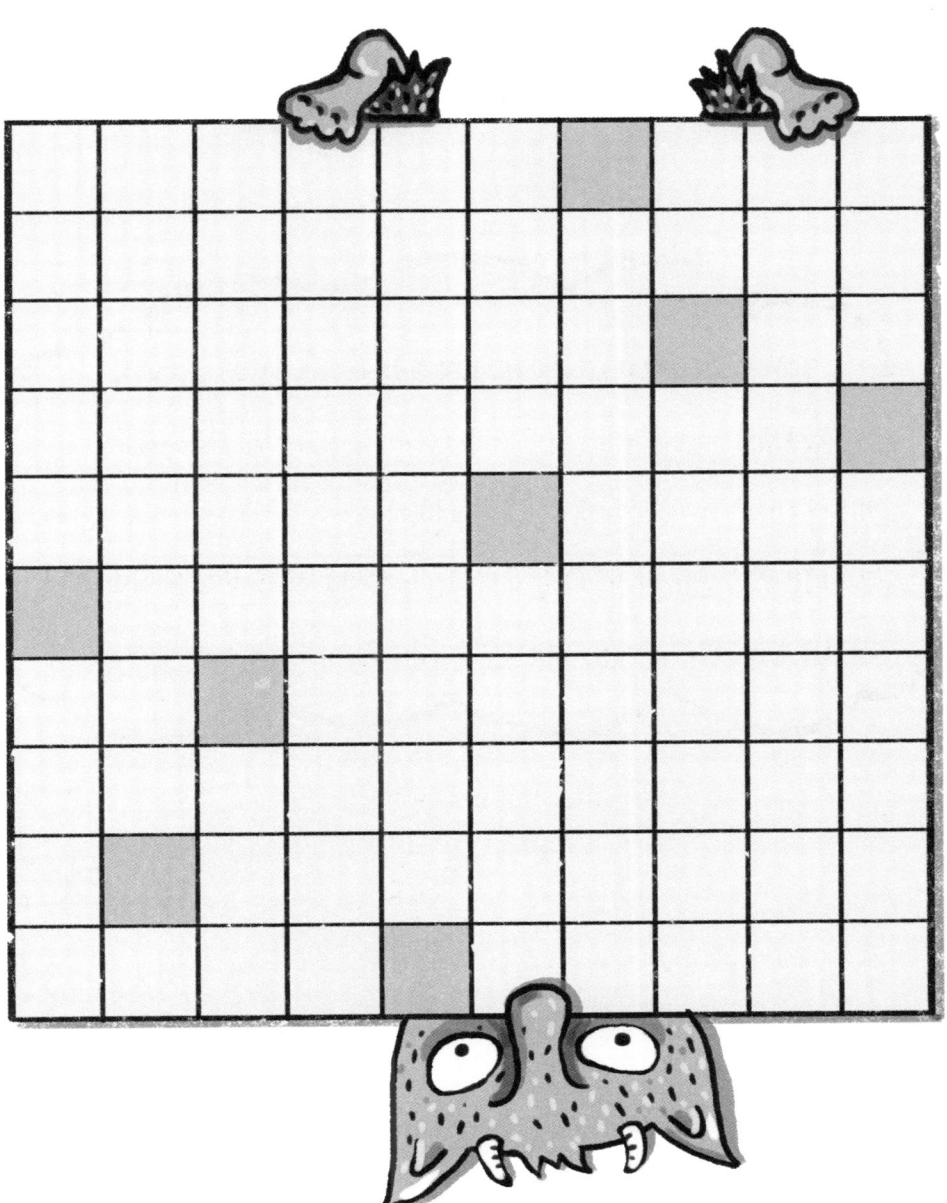

Lösung:

1	2	3	4	5	6	7	8	9	10
11	12	13	14	15	16	17	18	19	20
21	22	23	24	25	26	27	28	29	30
31	32	33	34	35	36	37	38	39	40
41	42	43	44	45	46	47	48	49	50
51	52	53	54	55	56	57	58	59	60
61	62	63	64	65	66	67	68	69	70
71	72	73	74	75	76	77	78	79	80
81	82	83	84	85	86	87	88	89	90
91	92	93	94	95	96	97	98	99	100

Male die Felder mit mindestens 4 Farben aus.

Am Mittelmeer

Welches Land mit vielen Inseln liegt am Mittelmeer?
Schreibe die Tiernamen auf und danach die Buchstaben der
markierten Felder ins Lösungswort.

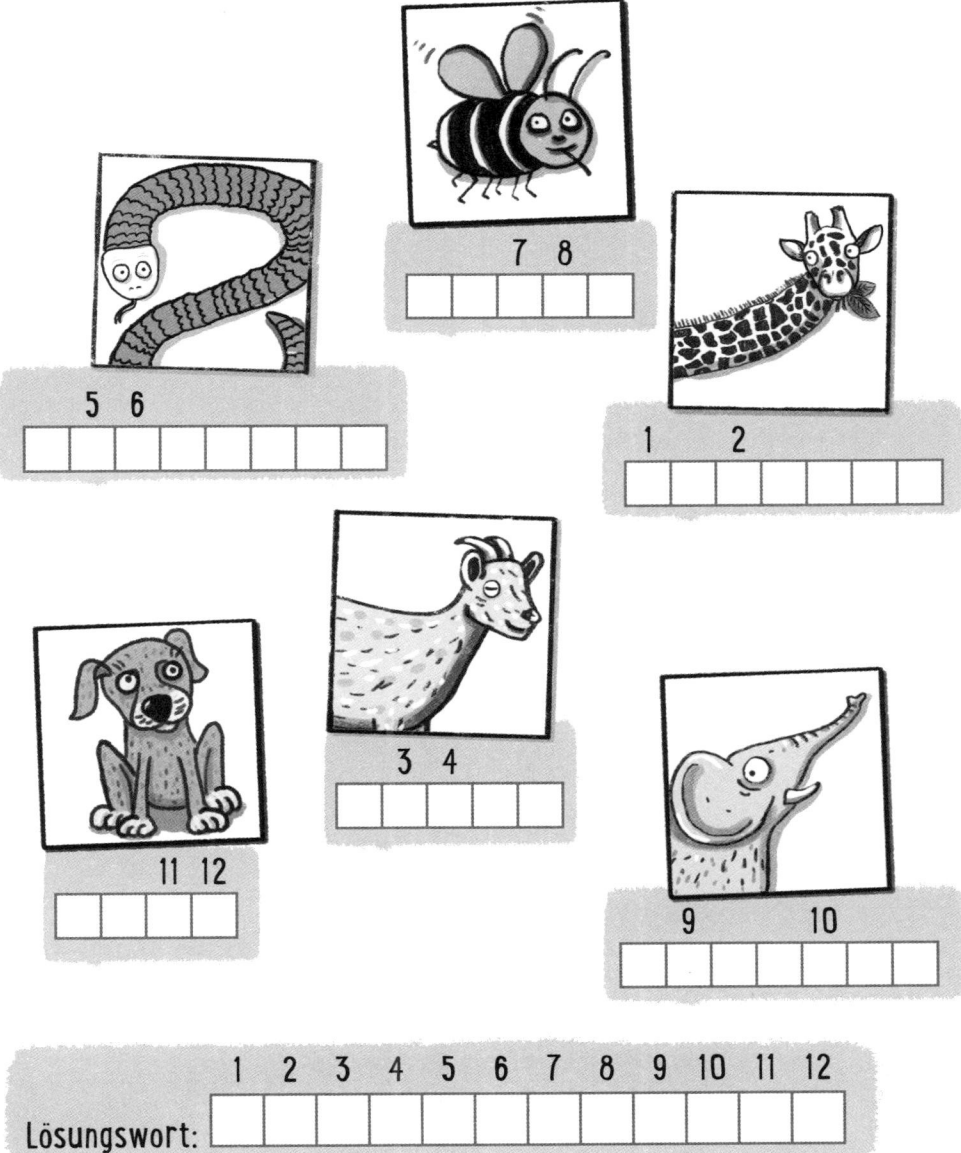

Lösung:

1	2	3	4	5	6	7	8	9	10	11	12
G	R	I	E	C	H	E	N	L	A	N	D

Male die Insel im Meer weiter.

Wolkenhimmel

Löse die Aufgaben in den Wolken. Immer zwei Wolken haben
dasselbe Ergebnis. Verbinde diese mit dem Ergebnis,
das du unten eingetragen hast.

Lösung: 7 = 49 : 7 und 28 – 21
8 = 71 – 63 und 64 : 8
24 = 36 – 12 und 3 · 8
25 = 99 – 74 und 5 · 5
36 = 17 + 19 und 9 · 4

Auf der Waage

Was wiegt am meisten? Ein Kilogramm Sand, ein Kilogramm Salz oder ein Kilogramm Tannennadeln?

Komischer Tiername

Setze die Buchstaben in der Reihenfolge der Zahlen in die Lösungsfelder ein und du erfährst den lustigen Namen eines Meerestieres.

LÖSUNGSWORT:

1	2	3	4	5	6	7	8	9	10	11	12	13	14	15

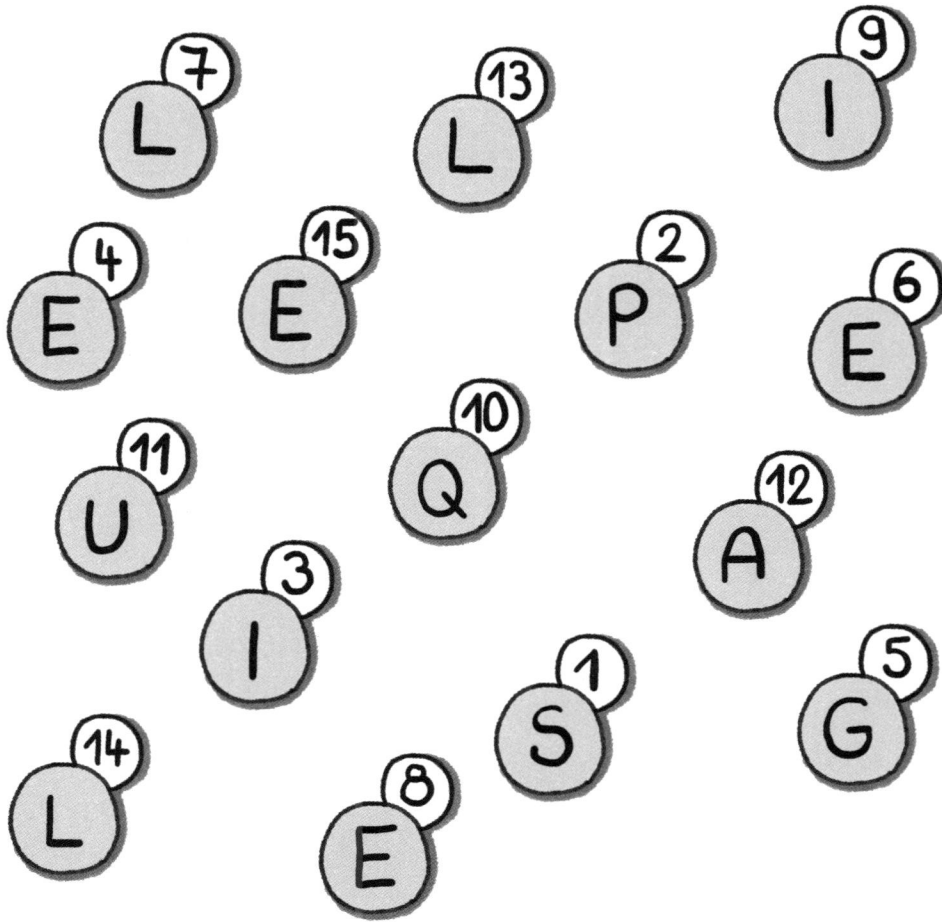

Lösung: Die Spiegeleiqualle gibt es wirklich. Sie lebt im Mittelmeer.

Male die Spiegeleiqualle, wie du sie dir vorstellst.

Formen-Sätze

Verbinde die Wörter in derselben Form jeweils zu einem Satz,
indem du in der richtigen Reihenfolge einen Strich von einem
Wort zum anderen ziehst.

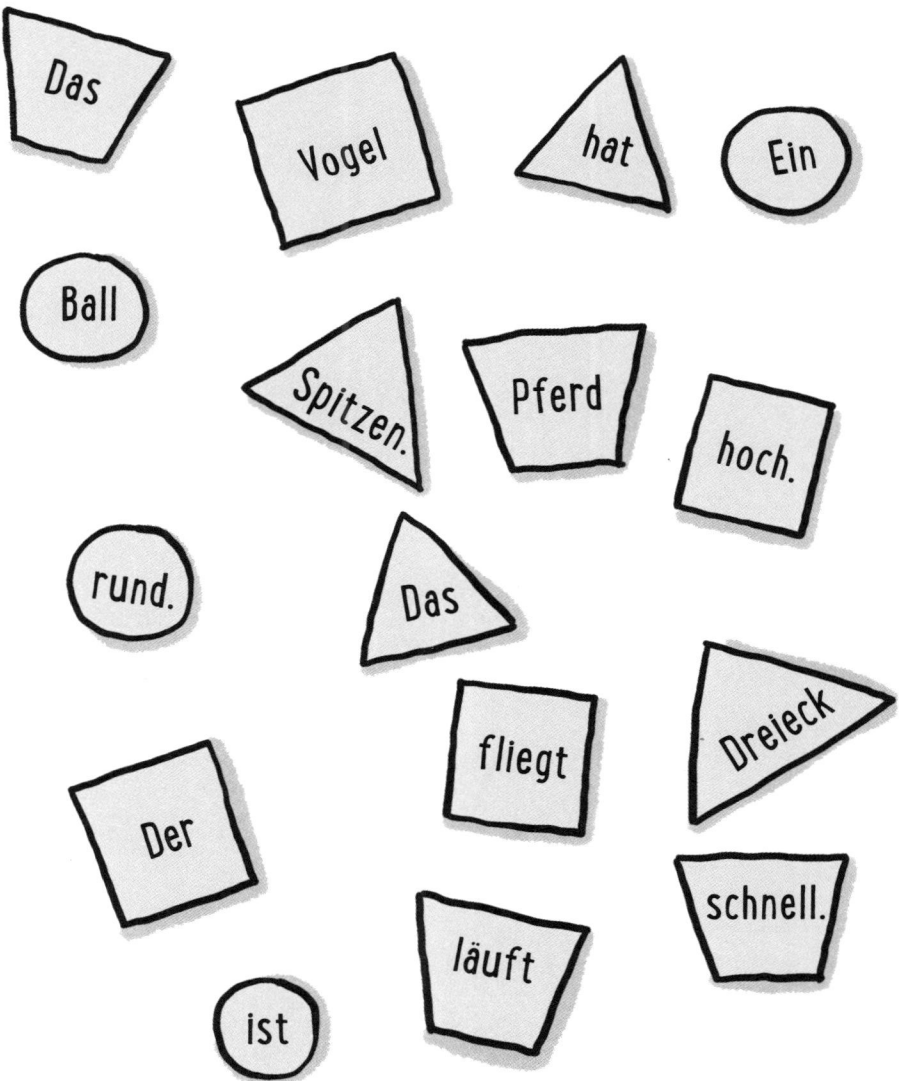

Lösung:
- △ : Das Dreieck hat Spitzen.
- ▽ : Das Pferd läuft schnell.
- ○ : Ein Ball ist rund.
- ▢ : Der Vogel fliegt hoch.

Male jede Form in einer anderen Farbe aus.

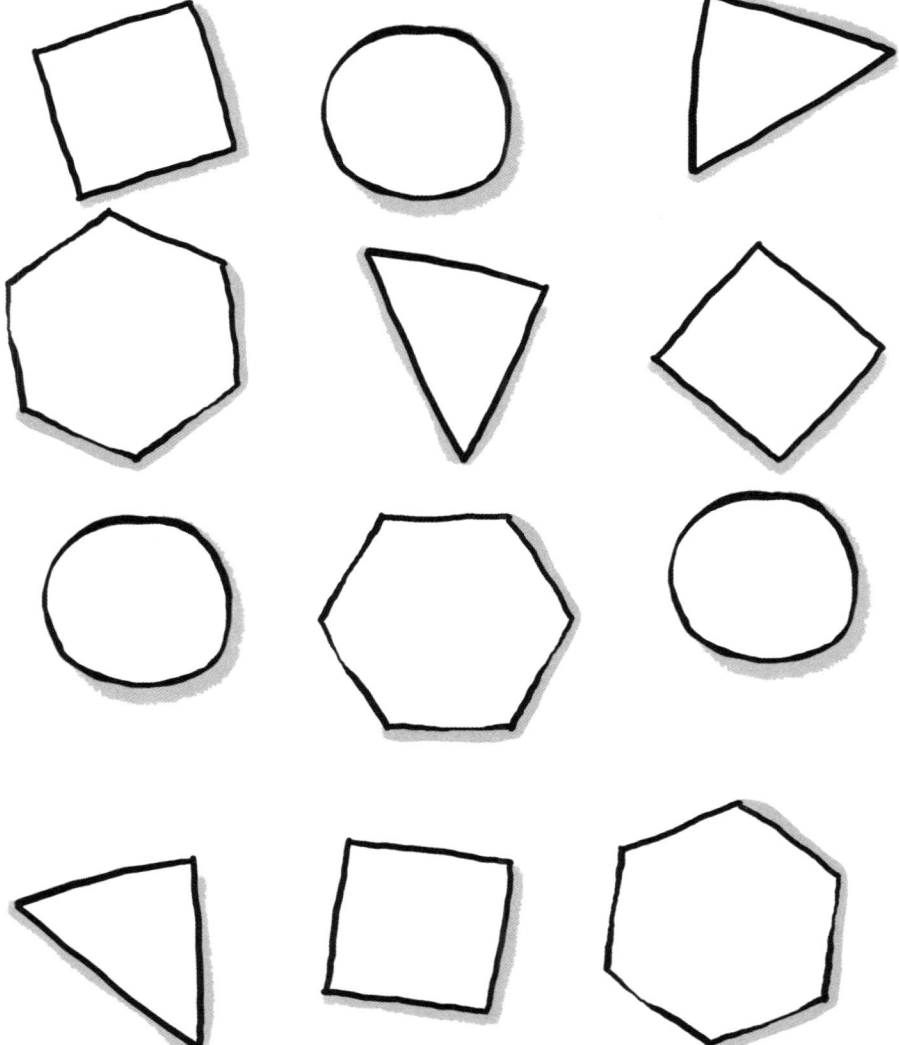

Das verkehrssichere Fahrrad

Schreibe die Zahlen der Teile, die zu einem verkehrssicheren Fahrrad
gehören, an die richtige Stelle.

1 Dynamo
2 Hinterradbremse
3 Klingel
4 Pedalreflektoren
5 Rückstrahler

6 Scheinwerfer
7 Schlussleuchte
8 Speichenreflektoren
9 Vorderradbremse

Lösung:

Nicht vergessen!

Was brauchst du noch zur Sicherheit zum Fahrradfahren?
Setze das Wort aus den Buchstaben zusammen.

Lieblingsfarbe Rot

Male alles aus, was rot ist oder sein kann.

Lösung: Rot ist oder kann sein: Feuerwehr | Kirschen | Tulpe | Paprika

Zahlentorte – Plusaufgaben

Ergänze die Zahlen, indem du innerhalb der Tortenstücke die Aufgaben löst. Das Ergebnis ist immer die Zahl in der Mitte.
Die Lösungen findest du auf Seite 24.

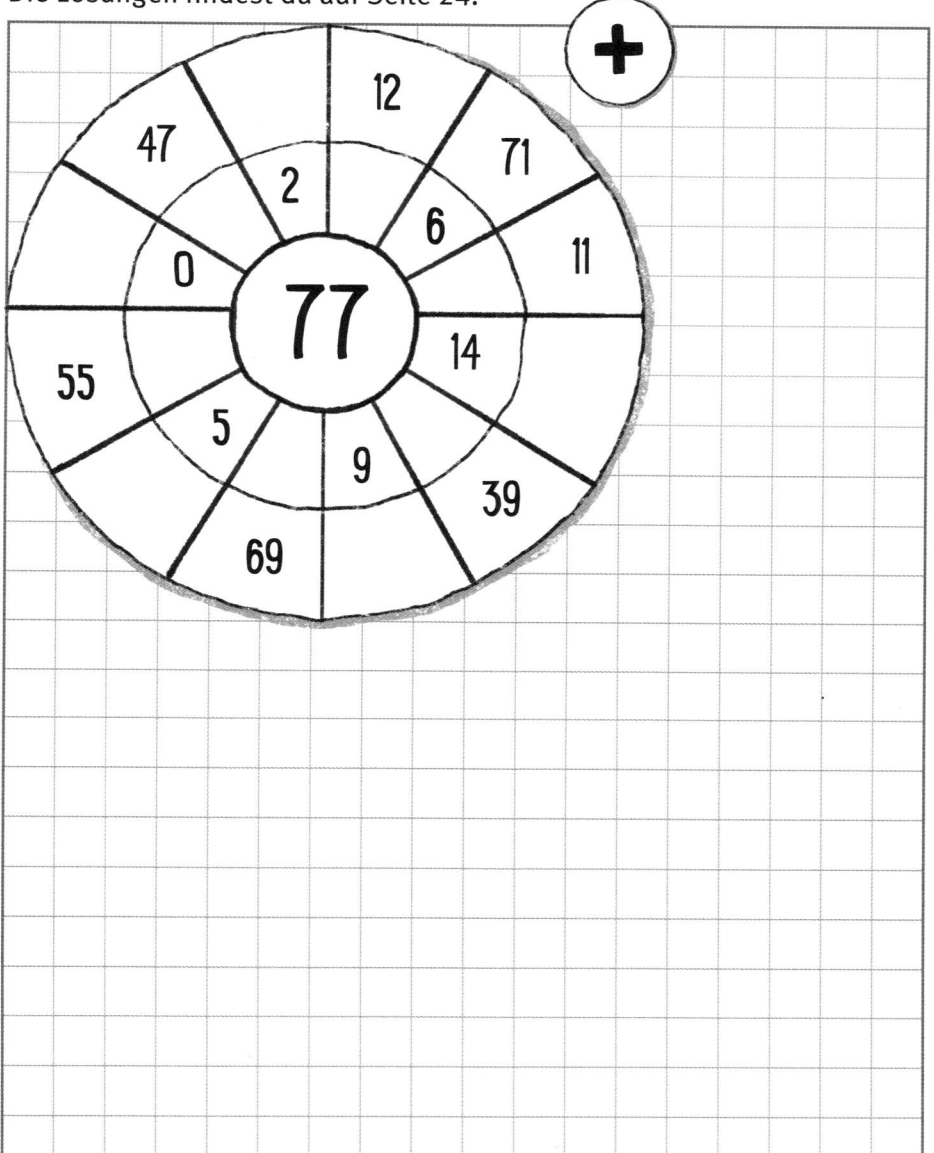

Zahlentorte – Minusaufgaben

Ergänze die Zahlen, indem du innerhalb der Tortenstücke die Aufgaben löst. Das Ergebnis ist immer die Zahl in der Mitte.
Die Lösungen findest du auf Seite 24.

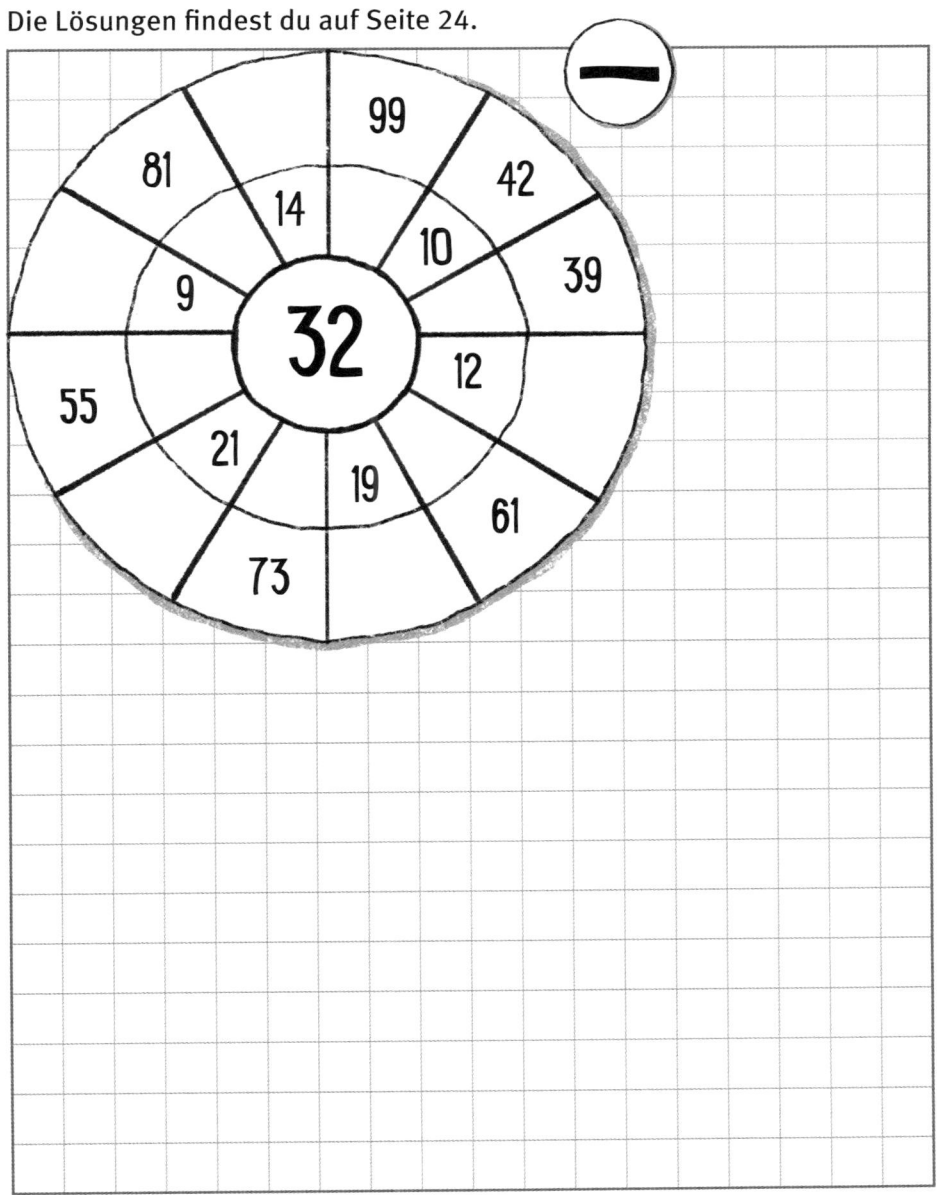

Zahlentorte – Malaufgaben

Ergänze die Zahlen, indem du innerhalb der Tortenstücke die Aufgaben löst. Das Ergebnis ist immer die Zahl in der Mitte.
Die Lösungen findest du auf Seite 24.

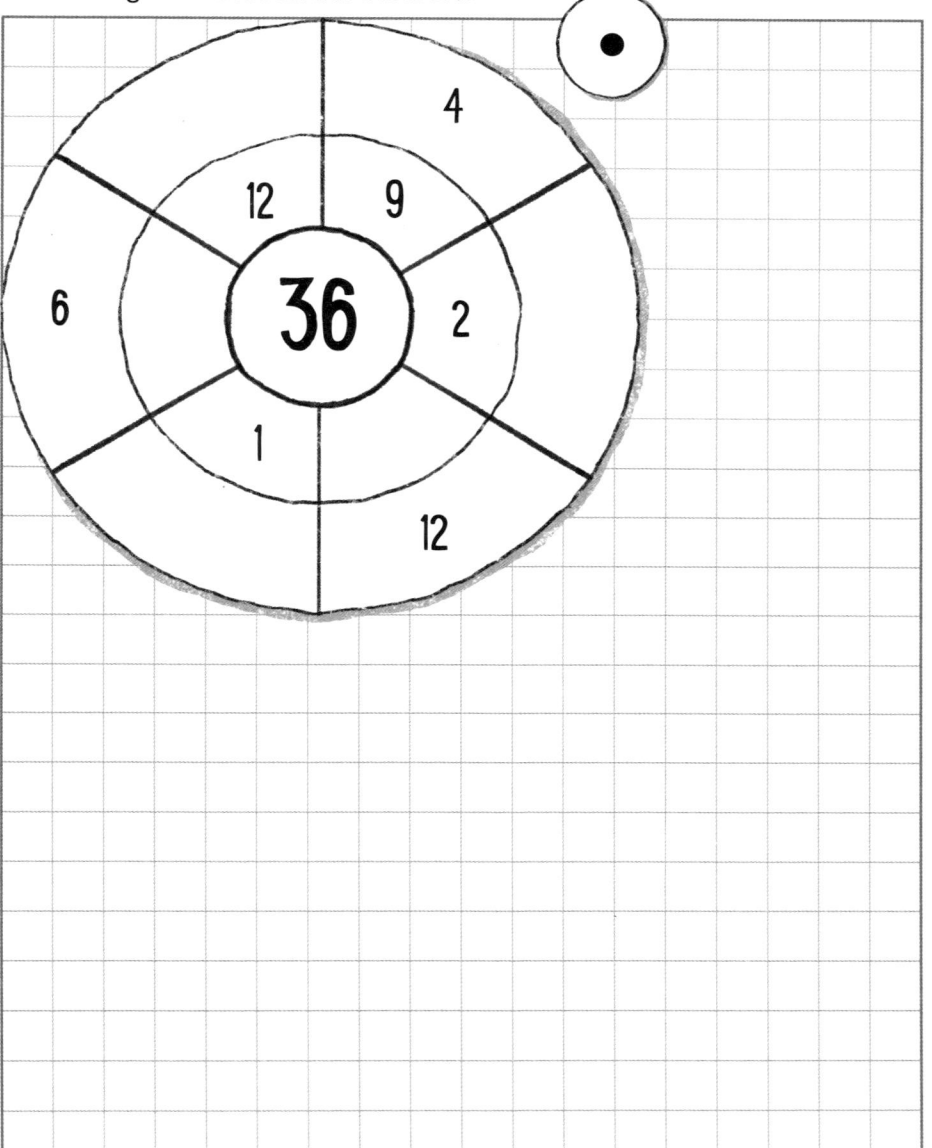

Zahlentorte – Geteiltaufgaben

Ergänze die Zahlen, indem du innerhalb der Tortenstücke die Aufgaben
löst. Das Ergebnis ist immer die Zahl in der Mitte.

Die Lösungen findest du auf Seite 24.

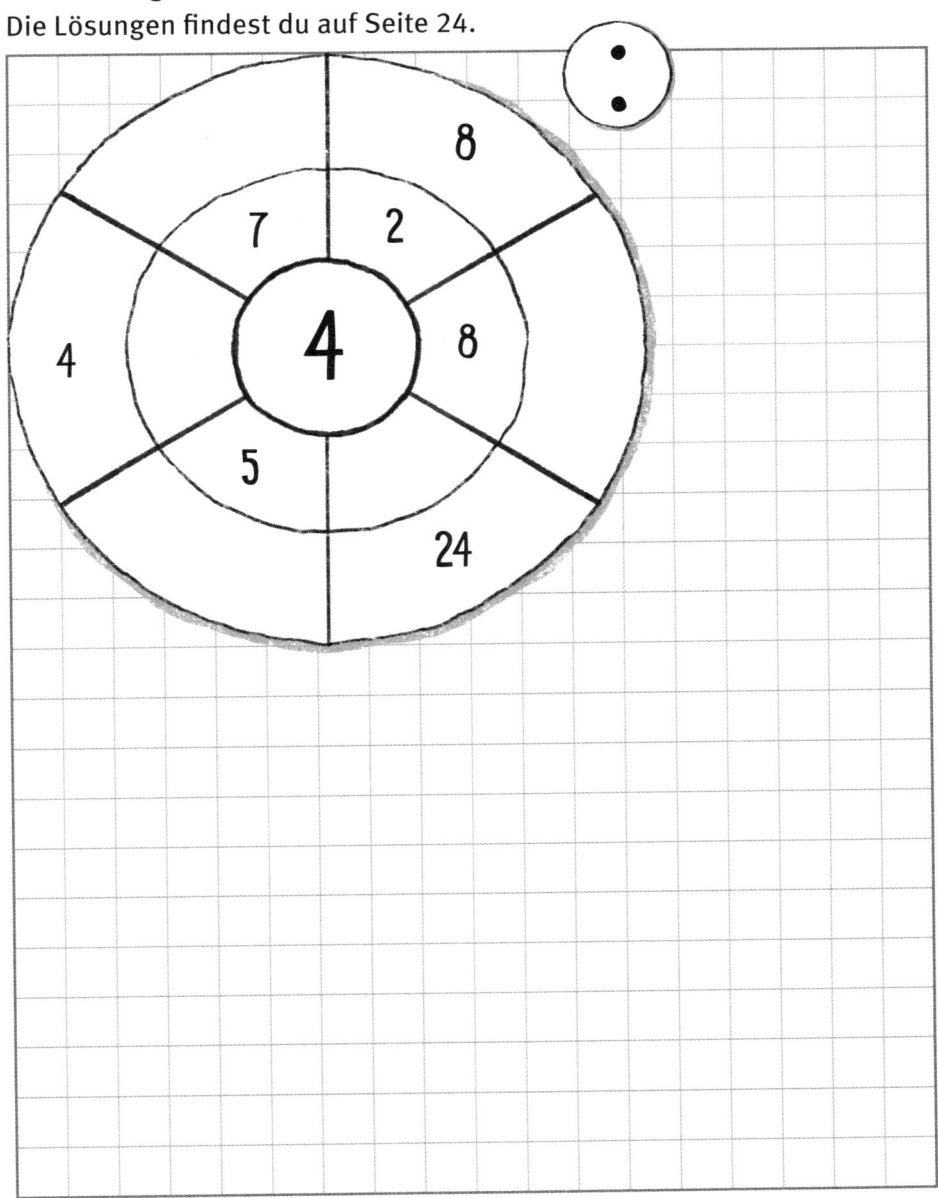

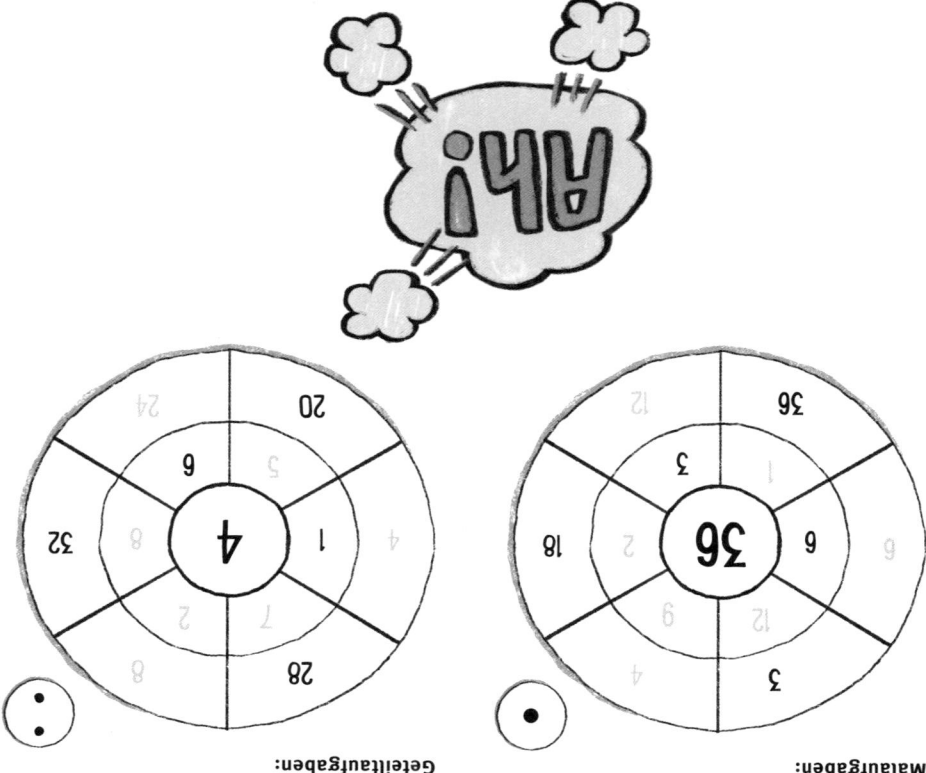

Plusaufgaben:

Minusaufgaben:

Malaufgaben:

Geteiltaufgaben:

Teekesselchen gesucht

Ein Begriff kann mehrere Bedeutungen haben.
Schreibe den gesuchten Begriff jeweils dazu.

a ein anderes Wort für Zensur oder ein Musikzeichen:

_____

b das weibliche Elternteil oder das Gegenstück zur Schraube:

_____

c die Ohren eines Hasen oder ein Besteckteil:

_____

d eine breite Sitzgelegenheit oder ein Geldinstitut:

_____

e ein Textabschnitt oder der hohe Teil des Schuhbodens unter der Ferse:

_____

f ein Nadelbaum oder ein Knochen im Gesicht:

_____

g ein Berggrat oder ein Werkzeug zum Frisieren:

_____

h ein schmaler Teppich oder ein Sportler:

_____

i eine Vogelart oder ein Blumengebinde:

_____

j ein Chef oder ein Gerät zum Aufsteigen:

_____

k eine Hülsenfrucht oder ein Teil des Auges:

_____

Male den Drachen weiter.

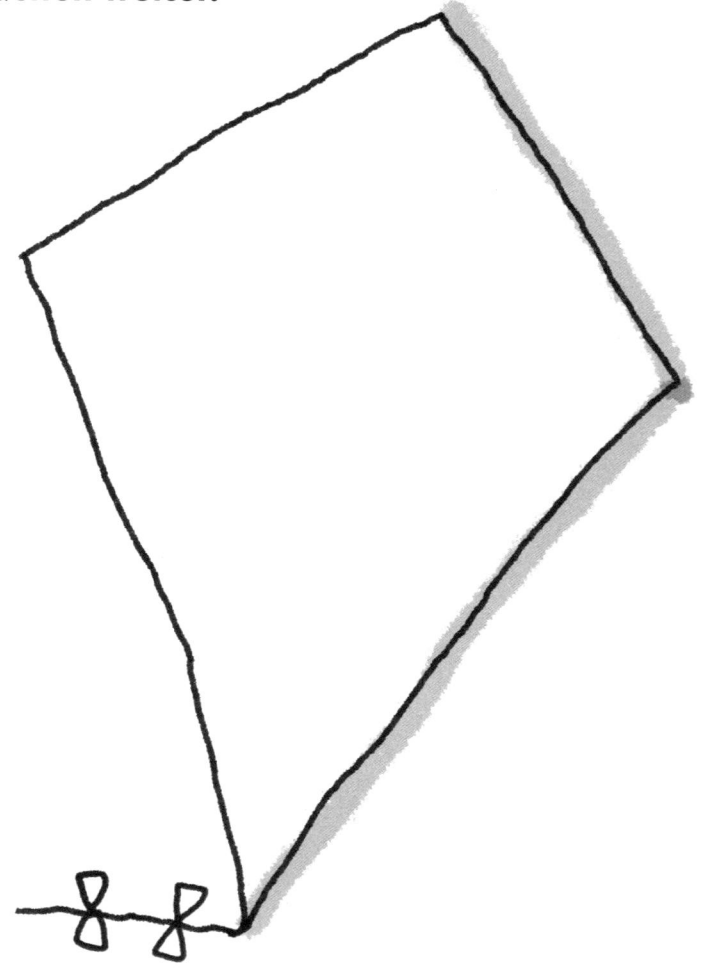

Zwillingspaare

Nur ein Tier sieht in jeder Reihe genauso aus wie das im Rahmen.
Kreise es ein.

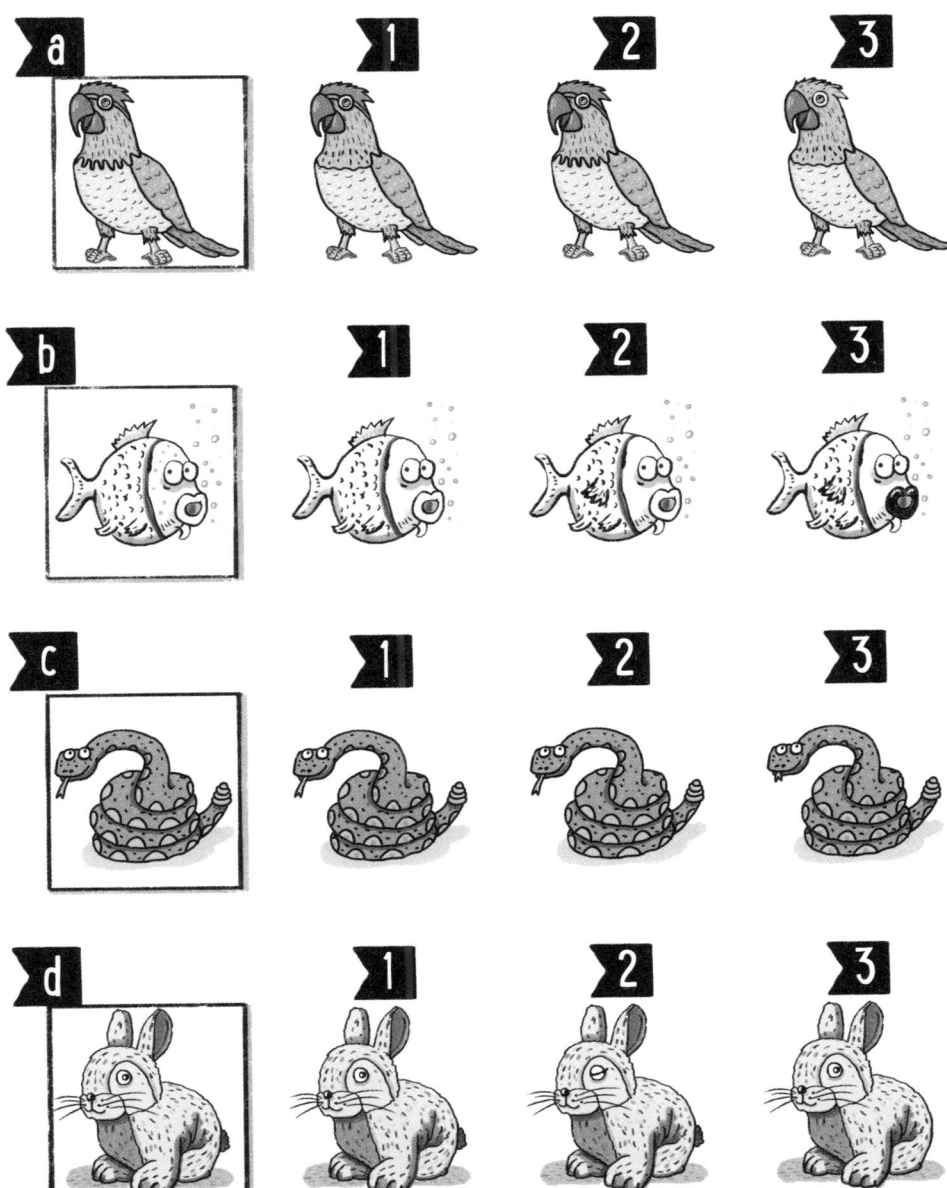

Male den Papagei bunt aus.

Lösung: a2 | b1 | c2 | d1

Für Knobler

Vier Eisbärenbrüder haben einen Fisch gefangen und wollen ihn später zusammen verspeisen. Als die Abendbrotzeit naht, ist der Fisch weg. Welcher Eisbär hat den Fisch gefressen? Nur einer der vier Bären lügt.

Lösung: Berni war der Vielfraß – und der Lügner. Alfons hatte recht, dass es Berni war.
Carlo nannte sich selbst mit Recht unschuldig. Didi wusste, dass Berni lügt.

Eisbärenkunde

Welche 5 Aussagen treffen nicht auf Eisbären zu?
Streiche diese an.

Eisbären …

a. … fressen Fische.

b. … leben in der Arktis.

c. … bekommen im Sommer ein braunes Fell.

d. … sind Säugetiere.

e. … können nicht schwimmen.

f. … sind nur in einer großen Herde unterwegs.

g. … -Junge wachsen bei den Vätern auf.

h. … -Männchen können bis zu 2,50 Meter
groß werden.

i. … sind die größten an Land lebenden Raubtiere.

j. … -Schwänze sind ca. 1 Meter lang.

Lösung: Falsche Aussagen sind c | e | f | g | j.

Sternenhimmel

Wie viele Sterne mit einer Zahl, die durch 3 oder 4 teilbar ist,
kannst du zählen?
Und welche Sterne haben eine Zahl, die durch 3 und 4 teilbar ist?

Lösung: 8 Sterne sind durch 3 oder 4 teilbar: 8 | 9 | 12 | 15 | 16 | 24 | 30 | 32
2 Sterne sind durch 3 und 4 teilbar: 12 und 24.

Male einen Stern mit 5 Zacken und einen mit 7 Zacken.

Buchstabenpyramide

Schreibe die Antworten in die Pyramide. Bilde dann aus den nummerierten Feldern in der richtigen Reihenfolge das Lösungswort auf die Frage: Wie hießen im Mittelalter adlige, berittene Krieger?

1. Kleines Nagetier, das gern als Haustier gehalten wird.
2. Strecke, auf der man Schlitten fahren kann.
3. Heilpflanze, die bei Bauchschmerzen hilft.
4. Sehr unbeliebtes Nagetier mit langem Schwanz
5. Farbe der Tomate
6. 20. Buchstabe des Alphabets

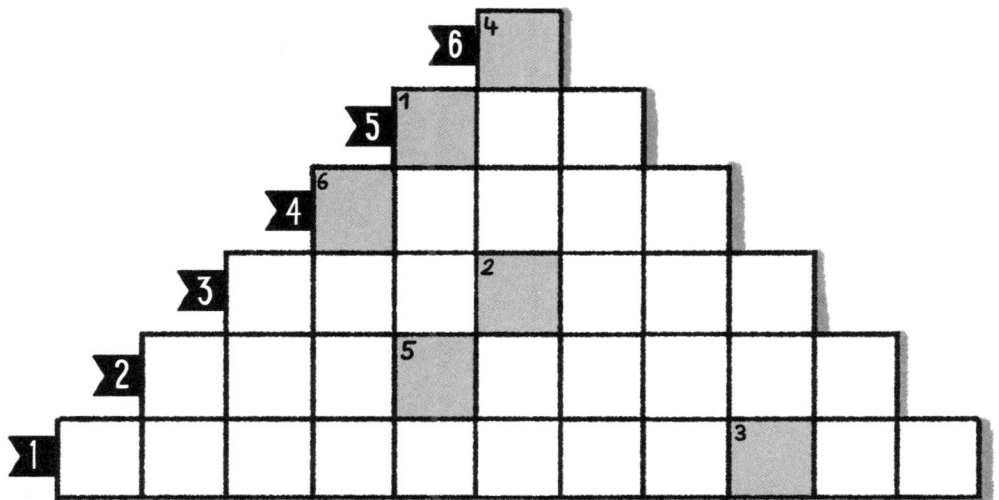

1	2	3	4	5	6

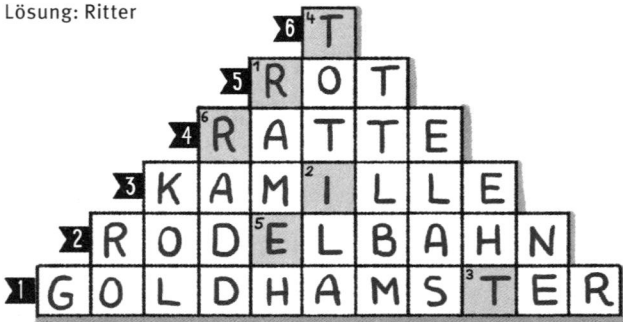

Lösung: Ritter

Im Mittelalter

Weißt du, welche Dinge es zu Zeiten von Rittern und Burgfräulein noch nicht gab?
Kreuze an.

◯ Bauern   ◯ Fernsehen   ◯ Kloster

◯ Brot   ◯ Gaukler   ◯ Lanze

◯ Burg   ◯ Hochhaus   ◯ Plastik

◯ Dusche   ◯ Jahrmarkt   ◯ Telefon

◯ Fahrrad   ◯ Kartoffeln

Süßer Schaum

Setze aus den Anfangsbuchstaben der Bilder in der Pfeil-Reihenfolge das englische Wort für eine Süßigkeit zusammen, die auch Mäusespeck genannt wird.

Lösungswort:

_ _ _ _ _ _ _ _ _ _ _

Lösung: Marshmallow

Welche Süßigkeiten oder Salzgebäcke isst du gern und was magst du gar nicht? Schreibe auf.

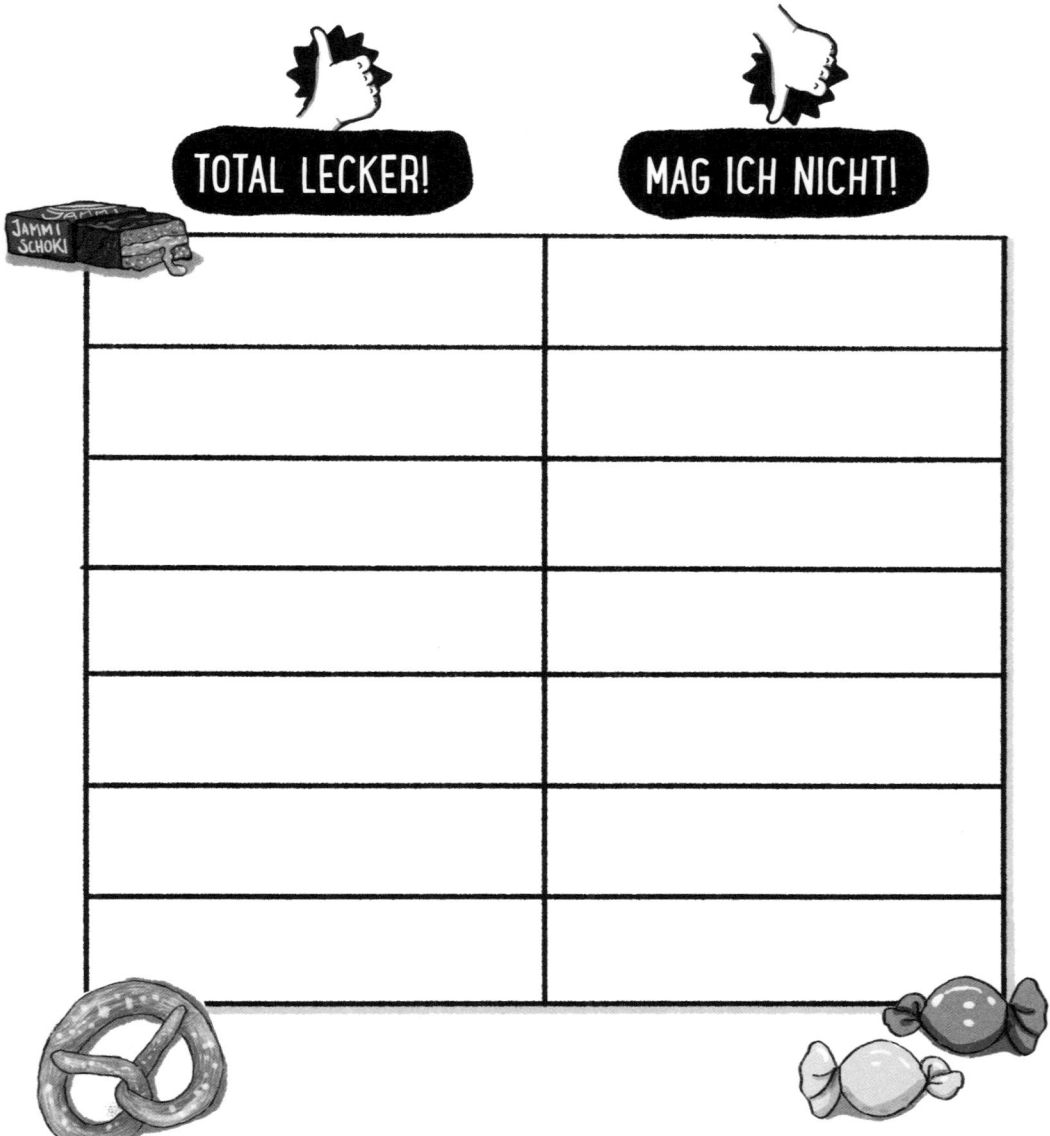

TOTAL LECKER!	MAG ICH NICHT!

Großfamilie

Der Tenrek ist eine Igelart, die auf der
afrikanischen Insel Madagaskar lebt.
Die Weibchen können so viele Junge
werfen wie kein anderes Säugetier.
Wie viele das sein können, musst du
ausrechnen.

$(99 - 33 - 41 - 18 + 17) : 6 \cdot 8 = \_\_\_$

Lösung: Ein Tenrekweibchen kann bei einer Geburt bis zu 32 Junge werfen.

Schokolade

Aus welchen Früchten wird Schokolade gemacht? Trage die Antworten in die Felder auf der nächsten Seite ein (Ä, Ö und Ü = 1 Feld) und bilde aus den nummerierten Feldern das Lösungswort.

1 Ein Bauwerk, das Verkehrswege über Hindernisse, z. B. Wasser oder Schluchten, führt.

2 Gemüseart in verschiedenen Farben, z. B. rot, gelb, grün, die man roh oder gekocht essen kann.

3 Handwerksberuf, in dem man Brot und Kuchen zubereitet.

4 Gegenteil von Stadt

5 Gebäudeteil unter dem Dach zum Aufbewahren von Gegenständen

6 Blühender Teil einer Pflanze

7 Sammelbegriff für Früchte

8 Pferdejunges

9 Land mit der Hauptstadt Paris

10 Gruppe von Tieren, z. B. Schafe, Kühe, Ziegen

11 Getreideart, aus der man zum Beispiel helles Brot backt.

Lösung:

				↓					
B	R	Ü	C	K	E				
			P	A	P	R	I	K	A
	B	Ä	C	K	E	R			
			L	A	N	D			
			B	O	D	E	N		
			B	L	Ü	T	E		
			O	B	S	T			
	F	O	H	L	E	N			
F	R	A	N	K	R	E	I	C	H
	H	E	R	D	E				
W	E	I	Z	E	N				

Male eine Brücke über den Fluss.

Tauziehen

Die Seile haben sich verwirrt. Welche Kinder ziehen jeweils
an demselben Tau?

Tauwerk

Woher stammt der Begriff **TAUWERK**? Setze aus den Buchstabenteilen das Lösungswort zusammen.

Tauwerk kommt aus der _____.

SEE

MA

CHE

RA

SP

NNS

Lösung: Der Begriff kommt aus der Seemannssprache.

Zahlen im Hunderterfeld

Trage in das Hunderterfeld folgende Zahlen ein:

7   11   23   37   44   56   69   72   88   95

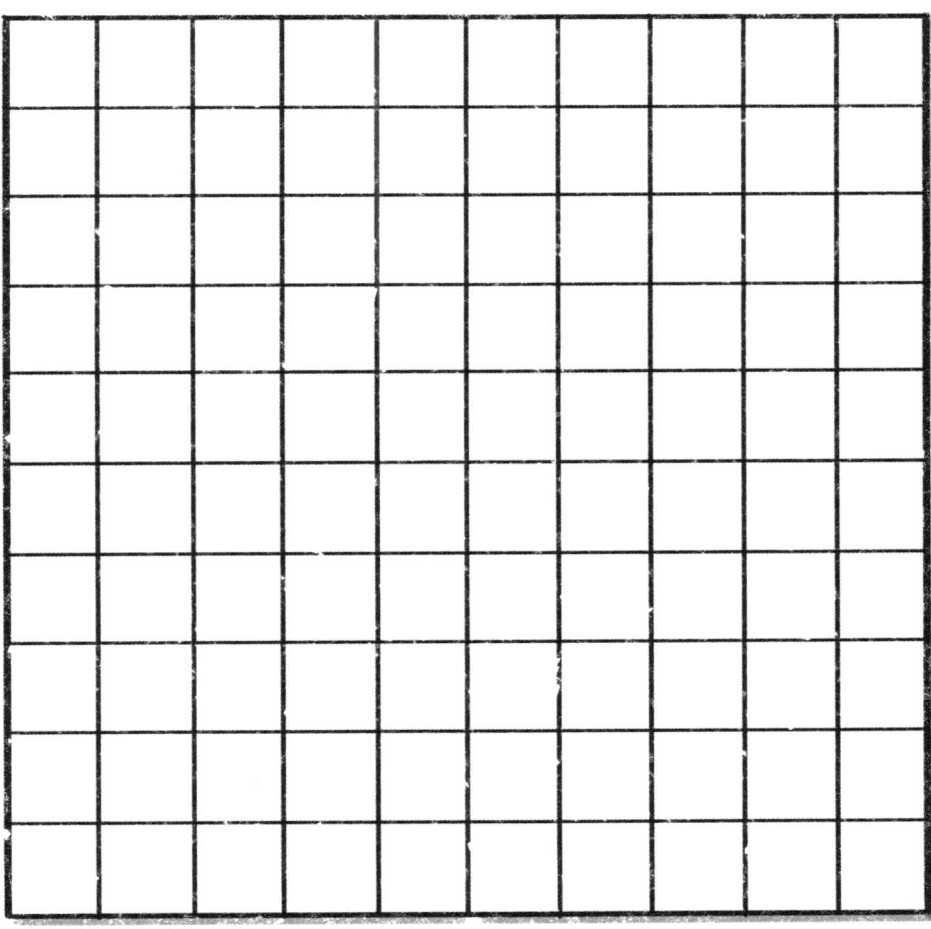

Lösung:

					7		
11							
	23						
				37			
		44					
			56				
						69	
	72						
					88		
			95				

Viererkästchen

Teile das Hunderterfeld in Viererkästchen ein.
Wie viele Kästchen erhältst du dann?

Landmaschinen

Gesucht werden fünf Maschinen, die man für die Arbeit auf dem Feld benötigt. Setze für die Zahlen die entsprechenden Buchstaben aus dem Alphabet ein.

 1

13	27	8	4	18	5	19	3	8	5	18

2

11	1	18	20	15	6	6	5	12	22	15	12	12	5	18	14	20	5	18

3

6	5	12	4	8	27	3	11	19	12	5	18

4

16	6	12	1	14	26	13	1	19	3	8	9	14	5

5

20	18	1	11	20	15	18

Male den Traktor weiter.

Wie wird das geschrieben?

Wie werden die Wörter richtig geschrieben? Wenn du es nicht weißt,
rate einfach!

1
- ○ a. Rabarber
- ○ b. Rabarbar
- ○ c. Rhabarber

2
- ○ a. Spaghetti
- ○ b. Spagheti
- ○ c. Schbagetti

3
- ○ a. Balett
- ○ b. Ballett
- ○ c. Ballet

4
- ○ a. Billard
- ○ b. Billjard
- ○ c. Billiard

5
- ○ a. Yogurt
- ○ b. Jokurt
- ○ c. Joghurt

6
- ○ a. Sattelit
- ○ b. Satellit
- ○ c. Satelitt

Male deine Lieblingsobstsorten.

Geometrische Formen

Male in das Viereck einen Kreis und mindestens zwei Dreiecke.

Lösung:
So kann deine Lösung
aussehen, aber es gibt
noch andere Möglichkeiten.

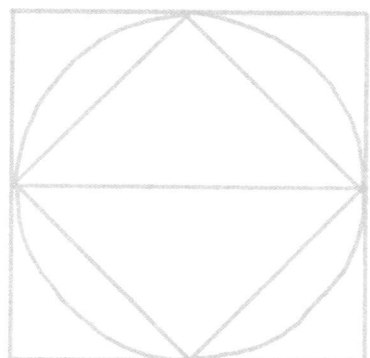

Male die Formen bunt aus.

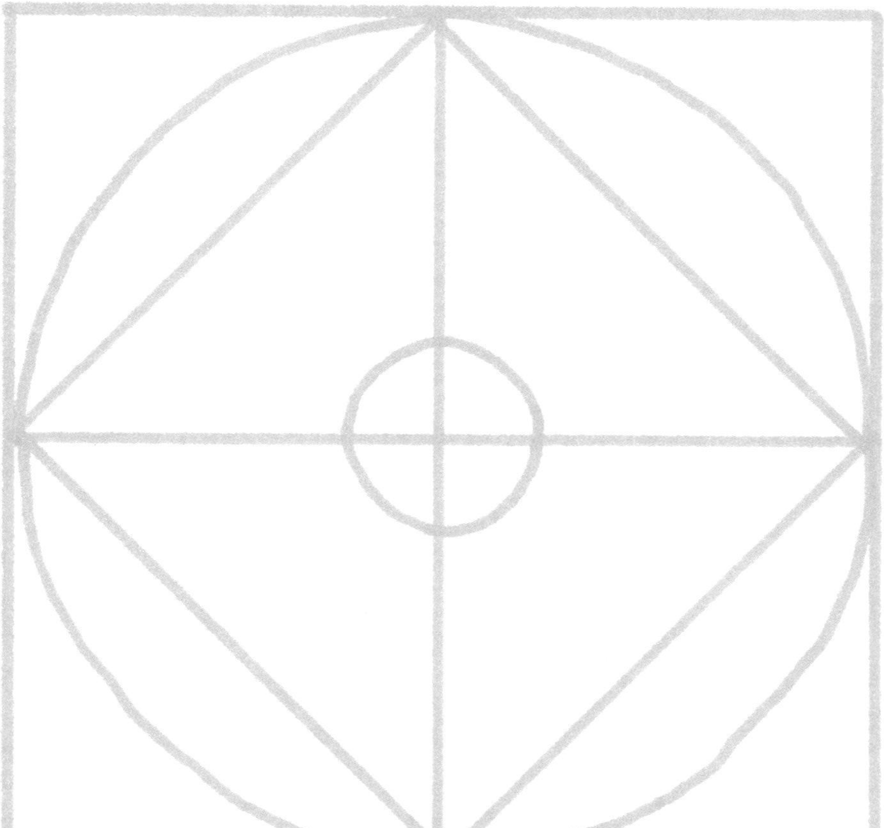

Kleidung und was dazugehört

Verbinde immer zwei Wortteile zu einem sinnvollen Wort,
das mit Kleidung zu tun hat.

mütze

Hosen

senkel

Regen

träger

hemd

Schnür

T-

Hemd

Pudel

Kleider

schnalle

stiefel

Unter

Shirt

bügel

Gürtel

kragen

Lösung: Gürtelschnalle | Hemdkragen | Hosenträger | Kleiderbügel | Pudelmütze | Regenstiefel | Schnürsenkel | T-Shirt | Unterhemd

Reptil, Insekt, Säugetier oder Vogel?

Wer ist was? Schreibe die Namen der Tiere in die richtige Abteilung auf der nächsten Seite.

Reptil, Insekt, Säugetier oder Vogel?

REPTILIEN

_____

_____

INSEKTEN

_____

_____

SÄUGETIERE

_____

_____

VÖGEL

_____

_____

_____

Male den Schmetterling aus.

Sudoku für Anfänger

In jedem dick umrandeten Kästchen müssen die Zahlen von
1 bis 4 so verteilt werden, dass sie in jeder Spalte und Zeile nur
einmal vorkommen.

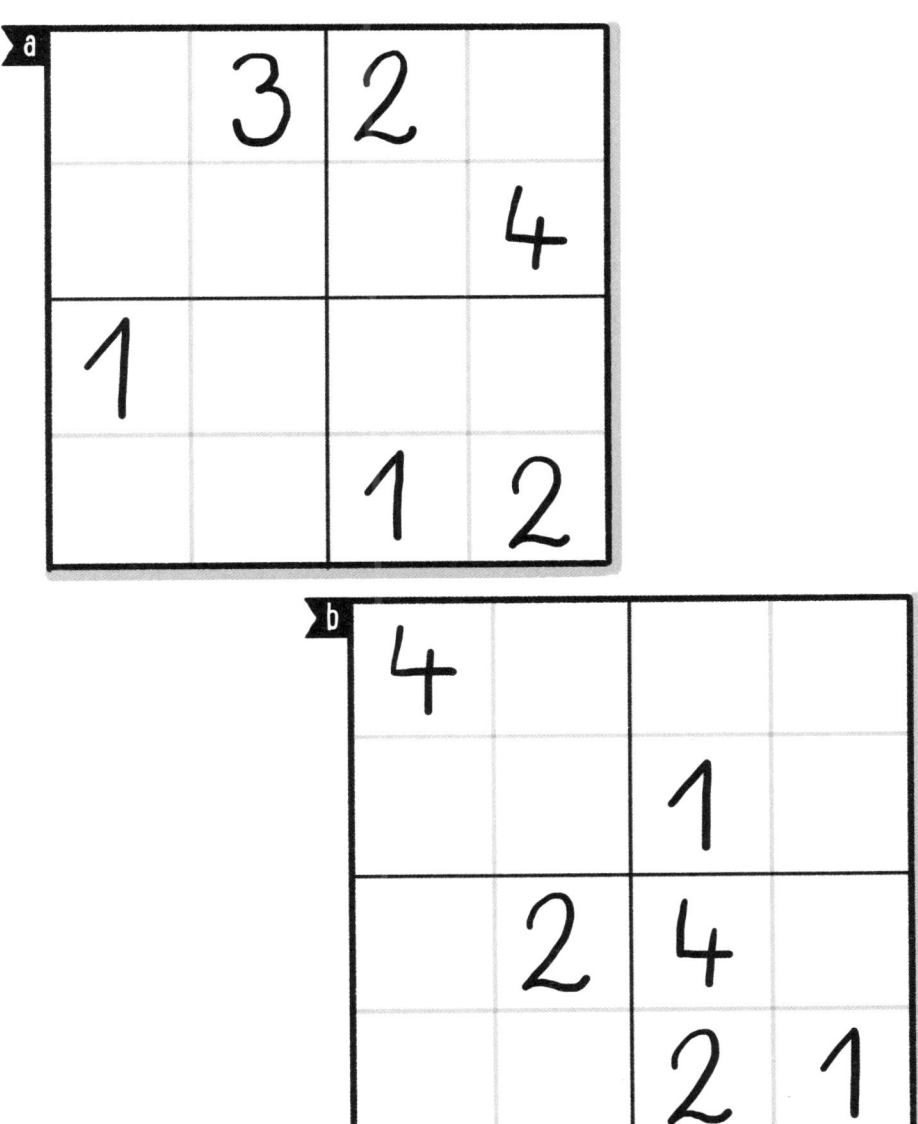

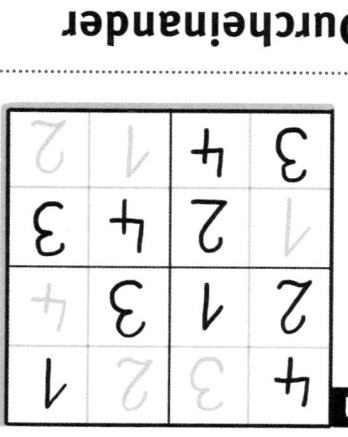

Zahlen-Durcheinander
Wie viele Zweien kannst du zählen?

Lösung:

Traubenernte

Lena, Luis, Lara und **Leo** helfen bei der Traubenernte. Sie wetten, wer innerhalb einer Minute die meisten Trauben gelesen hat. Wer hat die Wette gewonnen und wie viele Trauben haben sie in dieser Zeit zusammen geerntet?

Lena hat 10 Trauben geerntet. Luis hat mehr Trauben als Lena, aber weniger als Lara im Körbchen. Lara hat zwei Trauben mehr als Lena. Leo hat drei Trauben weniger als Lara im Körbchen.

LENA: ___ LUIS: ___ LARA: ___ LEO: ___ ZUSAMMEN: ___

Lösung: Wenn Lena 10 Trauben geerntet hat, dann haben Luis 11, Siegerin Lara 12 und
Leo 9 Trauben im Körbchen. Zusammen haben sie in einer Minute 42 Trauben gesammelt.

An der Sonne getrocknet

Wie nennt man getrocknete, süße Weinbeeren,
die man zum Backen und Kochen verwenden kann?
Setze aus den Silben die drei Sorten zusammen.

Ko

then

si

Ro

Sul

nen

ta

ni

rin

nen

Echt tierisch!

In jeder Tierfamilie heißen Mutter, Vater und Kind anders.
Schreibe die Namen der Tiere unter die Bilder und verbinde immer
eine Tierart mit den richtigen Namen der Familienmitglieder.

Bache
Keiler
Frischling

Sau
Eber
Ferkel

Stute
Hengst
Fohlen

Ricke
Bock
Kitz

Kuh
Bulle
Kalb

Lösung: **Elefant:** Kuh – Bulle – Kalb | **Pferd:** Stute – Hengst – Fohlen | **Reh:** Ricke – Bock – Kitz |
Schwein: Sau – Eber – Ferkel | **Wildschwein:** Bache – Keiler – Frischling

Male zu der Sau viele kleine Ferkel.

Sieben Fliegen auf einen Streich!

Zähle zuerst alle Fliegen und kreise dann immer sieben Fliegen
auf einmal ein. Wie viele bleiben übrig?

Lösung: Du musst 5 Kreise mit je 7 Fliegen gezeichnet haben. 2 Fliegen bleiben übrig.

Märchenzahlen Zähle alle im Text genannten Zahlen zusammen.

Als Schneewittchen zu den sieben Zwergen ging, traf sie das tapfere Schneiderlein, das sieben Fliegen auf einen Streich erschlug. Es war auf der Flucht vor dem Teufel mit den drei goldenen Haaren. Des Teufels bester Freund war der Wolf, der sich gerade die sieben Geißlein holen wollte. Aber Dornröschens zwölf gute Feen warnten die Geißlein. Trotzdem spielte die eine böse Fee dem jüngsten Geißlein einen Streich und sperrte es im Uhrenkasten ein. Daraufhin machten die vier Bremer Stadtmusikanten so laut Musik, dass die zwölf Prinzessinnen wach wurden und ihre neuen Schuhe zertanzten.

Lösung: 7 + 7 + 1 + 3 + 7 + 12 + 1 + 1 + 4 + 12 = 55

Nicht ganz einfach

Die Buchstaben dieser sportlichen Tätigkeiten hat jemand ganz
ordentlich in die Reihenfolge des Alphabets gebracht.
Schreibe die Tätigkeiten richtig auf. Der erste Buchstabe ist
immer großgeschrieben.

1. c e h i m m n **S** w = _____

2. e n n r **T** u = _____

3. a a d e f h n **R** r = _____

4. e e f n r **W** = _____

5. e g i n n p r **S** = _____

6. a e f **L** n u = _____

7. e e **K** l n r t t = _____

8. **B** e n o x = _____

9. e f **K** m n p ä = _____

10. a c e h n **T** u = _____

Male, was du beim Tauchen unter Wasser siehst.

Vierecke im Hunderterfeld

Schreibe immer die vier Zahlen auf, die der jeweilige Buchstabe im Hunderterfeld berührt.

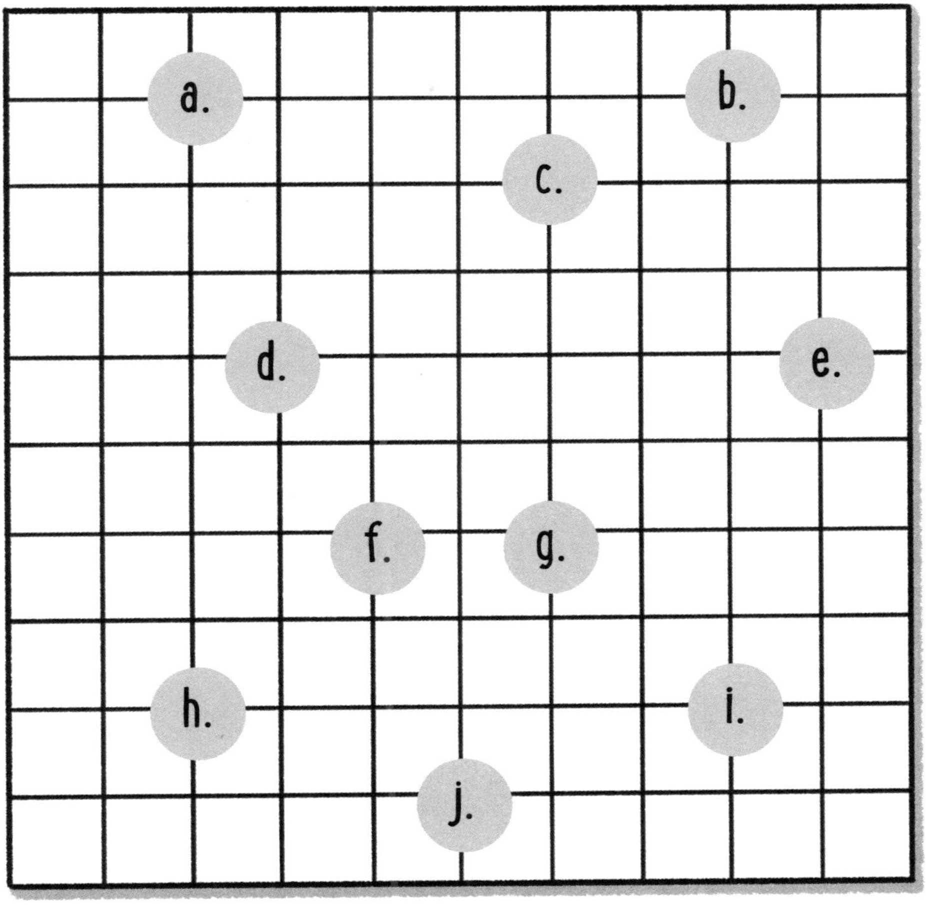

a. _____

b. _____

c. _____

d. _____

e. _____

f. _____

g. _____

h. _____

i. _____

j. _____

Lösung: **a:** 2, 3, 12, 13 | **b:** 8, 9, 18, 19 | **c:** 16, 17, 26, 27 | **d:** 33, 34, 43, 44 | **e:** 39, 40, 49, 50 |
f: 54, 55, 64, 65 | **g:** 56, 57, 66, 67 | **h:** 72, 73, 82, 83 | **i:** 78, 79, 88, 89 | **j:** 85, 86, 95, 96

Male jede Spalte mit einer anderen Farbe aus.

Bauer Willis Lieblings-Sprichwort

Schreibe für die Zahlen die entsprechenden Buchstaben aus
dem Alphabet auf und du erfährst, wie der Lieblingsspruch
von Bauer Willi heißt.

5   9   14   2   12   9   14   4   5   19

8   21   8   14   6   9   14   4   5   20

1   21   3   8   13   1   12

5   9   14   11   15   18   14 .

Lösung: Ein blindes Huhn findet auch mal ein Korn.

Male den Hahn bunt aus.

Bilder im Hunderterfeld

Für jedes Bild stehen zwei Zahlen. Schreibe sie unten auf

🍎 = _____ und _____ 🌼 = _____ und _____ ☀ = _____ und _____

🍄 = _____ und _____ ⚽ = _____ und _____

Lösung: = 3 und 79 = 17 und 61 = 25 und 98

= 40 und 52 = 44 und 86

Blumen

Bilde aus den Silben drei Blumenarten und schreibe sie auf.

Gän   me   Lö   chen   se   blüm   nen   Son   wen   maul   blu

Hummelflug

Hummel Hilda liebt Nektar. Aber nur den aus den Blumen
mit Zahlen, die durch 8 teilbar sind. Kreuze diese an.

18 40 34 13 29 48

56 28 16 9 58 32

64 36 24

Male Blumen auf die Wiese.

Freizeitsport

Wer macht was in seiner Freizeit besonders gern? Folge den Linien.

Lösung: Jonas spielt Tennis. | Jule turnt am Barren. | Jane spielt Fußball. | Jan fährt Fahrrad.

Schreibe auf, was du in deiner Freizeit am liebsten machst.

_____

_____

_____

_____

_____

_____

_____

_____

_____

_____

_____

Das passt doch nicht!

Immer ein Begriff in jeder Reihe passt nicht zu den anderen.
Kreise diesen ein.

1. rot • blau • schwarz • weiß • bunt

2. Löwe • Leopard • Tiger • Wolf • Gepard

3. Fahrrad • Auto • LKW • Motorrad • Wohnmobil

4. Eiche • Kiefer • Kastanie • Birke • Ahorn

5. Karpfen • Muschel • Krebs • Kobra • Barsch

6. Deutsch • Spanisch • Mathematik • Englisch • Arabisch

7. Biber • Ratte • Hamster • Meerschweinchen • Schildkröte

8. Punkt • Malzeichen • Komma • Doppelpunkt • Fragezeichen

Lösung: 1. Bunt ist keine Farbe. | 2. Der Wolf ist keine Raubkatze. | 3. Ein Fahrrad hat
keinen Motor. | 4. Die Kiefer ist kein Laubbaum. | 5. Die Kobra ist kein Wassertier. |
6. Mathematik ist keine Fremdsprache. | 7. Die Schildkröte ist kein Nagetier. |
8. Das Malzeichen ist kein Satzzeichen.

Ins Ausland

In welches Land fährt das Wohnmobil? Folge den Hinweisen.
Je früher du es errätst, desto besser.

1. Das Land liegt in Europa.

2. Es ist kein Nachbarland von Deutschland.

3. Es hat eine Küste am Atlantik und eine am Mittelmeer.

4. Es ist das europäische Land, das am dichtesten an Afrika liegt.

5. Man isst dort gern Tapas.

6. Die Mittelmeerinsel Mallorca gehört zu seinem Staatsgebiet.

7. Die Hauptstadt heißt Madrid.

Lösungswort:

Insekten – Buchstabengitter

Finde in diesem Buchstabengitter 12 Insektenarten.

H	O	R	N	I	S	S	E	D	Q	W	E	R	T	F
U	Z	U	I	O	P	Ö	L	K	Ü	E	H	T	G	L
M	Ü	C	K	E	F	D	S	A	Y	S	C	X	M	O
M	Y	X	E	R	F	B	N	H	Z	P	J	M	Ä	H
E	P	O	B	E	L	K	J	F	G	E	B	U	V	X
L	Y	S	I	M	J	O	P	L	H	M	A	E	G	H
K	I	N	E	B	C	M	A	I	K	Ä	F	E	R	C
S	C	H	N	E	W	T	Z	E	M	Ü	B	G	A	Ö
Q	A	Y	E	X	S	W	E	G	D	C	V	F	S	R
T	G	B	N	H	Z	U	J	E	M	K	I	O	H	L
M	A	M	E	I	S	E	G	O	D	R	T	B	Ü	N
M	J	U	Z	G	B	N	T	R	F	V	Y	S	P	E
W	A	S	S	E	R	L	Ä	U	F	E	R	J	F	J
K	J	H	G	F	D	S	A	P	I	U	Z	B	E	K
Z	I	T	R	O	N	E	N	F	A	L	T	E	R	L

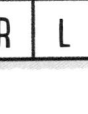

Lösung:

H	O	R	N	I	S	S	E	D	Q	W	E	R	T	F
U	Z	U	I	O	P	O	L	K	Ü	E	H	T	G	L
M	Ü	C	K	E	F	D	S	A	Y	S	C	X	M	O
M	Y	X	E	R	F	B	N	H	Z	P	J	M	A	H
E	P	O	B	E	L	K	J	F	G	E	B	U	V	X
L	Y	S	I	M	J	O	P	L	H	M	A	E	G	H
K	I	N	E	B	C	M	A	I	K	Ä	F	E	R	C
S	C	H	N	E	W	T	Z	E	M	U	B	G	A	Q
Q	A	Y	E	X	S	W	E	G	D	C	V	F	S	R
T	G	B	N	H	Z	U	J	E	M	K	I	Q	H	L
M	A	M	E	I	S	E	G	Q	D	R	I	B	Ü	N
M	J	U	Z	G	B	N	T	R	F	V	Y	S	P	E
W	A	S	S	E	R	L	Ä	U	F	E	R	J	F	J
K	J	H	G	F	D	S	A	P	I	U	Z	B	E	K
Z	I	T	R	O	N	E	N	F	A	L	T	E	R	L

Male einen großen Ameisenhaufen.

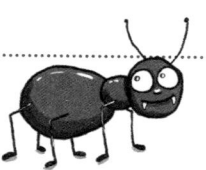

Kleiner, größer oder gleich?

Schreibe für jedes Wort die Zahl auf und setze dann ein ❮ (kleiner als) oder ❯ (größer als) ein.

a. siebenhundertdreiundzwanzig ☐ siebenhundertvierundvierzig

———— ————

b. dreiunddreißig ☐ dreiundzwanzig

———— ————

c. neunhundertneun ☐ neunhundertneunundneunzig

———— ————

d. siebenundsechzig ☐ fünfundfünfzig

———— ————

e. einhundertzwölf ☐ einhunderteinundzwanzig

———— ————

f. sechsundsechzig ☐ sechshundertsechs

———— ————

Welche Zahl ist die kleinste und welche die größte Zahl?

Kleinste Zahl: ———— Größte Zahl: ————

Schreibe 10 Gegenstände oder Personen auf und vergleiche immer zwei miteinander. Was oder wer ist größer oder kleiner oder gleich groß?

❯1 _____ **❯2** _____

❯3 _____ **❯4** _____

❯5 _____ **❯6** _____

❯7 _____ **❯8** _____

❯9 _____ **❯10** _____

Mutmacher

Schnucki, der Schneckenjunge, trainiert für die Schnecken-Olympiade.
Mit welchem Sprichwort macht ihm sein Vater immer Mut beim Training?
Schreibe von außen nach innen jeden zweiten Buchstaben auf.

Lösung:

Zahlenschnecke

Wie oft kannst du im Schneckenhaus die Zahl 5 erkennen?

Kuriose Tiernamen

Setze für jede Zahl den entsprechenden Buchstaben aus dem Alphabet ein, dann erfährst du, was für lustige Tiernamen es wirklich gibt.
Du kannst die Tabelle vorn im Block zu Hilfe nehmen.

a.

12	1	3	8	5	14	4	5	18		8	1	14	19

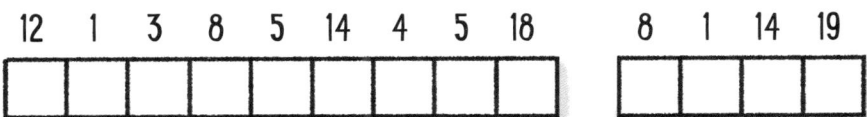

b.

19	3	8	15	11	15	12	1	4	5	14	–
											–

6	18	21	3	8	20	26	23	5	18	7

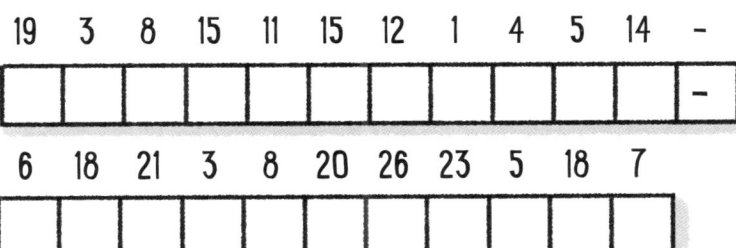

c.

23	1	14	4	5	12	14	4	5		7	5	9	7	5

d.

11	1	9	19	5	18	19	3	8	14	21	18	18

2	1	18	20	20	1	13	1	18	9	14

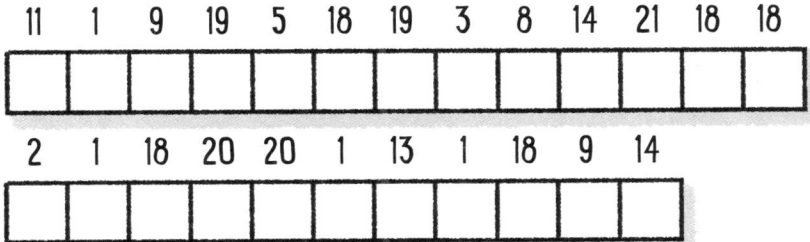

Lösung: a. Lachender Hans (Vogel) | b. Schokoladen-Fruchtzwerg (Fledermaus) |
c. Wandelnde Geige (Fangschrecke) | d. Kaiserschnurrbarttamarin (Affe)

Male ganz viele Fledermäuse auf diese Seite.

Reimwörter

Verbinde immer zwei Reimwörter mit einem Strich.

Male die Fischschuppen weiter.

Schlangenwörter für Anfänger

Verbinde die Buchstaben (nicht diagonal) zu Namenwörtern und schreibe jedes Wort auf die Linie darunter. Die Lösung findest du auf Seite 90.

Beispiel:

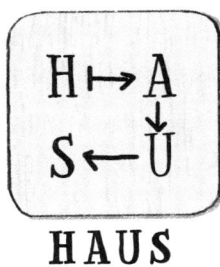

HAUS

1

_____

2

_____

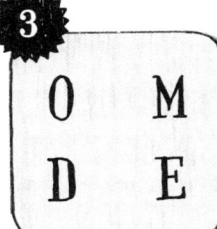

3

_____

4

_____

5

_____

6

_____

7

_____

8

_____

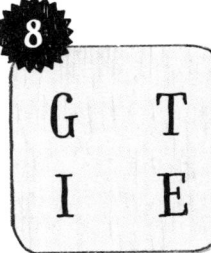

Schlangenwörter für Fortgeschrittene

Jetzt wird's schwerer! Der erste Buchstabe ist markiert. Die Lösungen findest du auf Seite 90.

9

A	M	E
E	S	I

_____

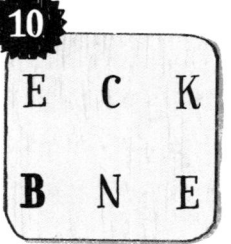

10

E	C	K
B	N	E

_____

11

K	I	**D**
T	A	T

_____

12

D	E	I
A	R	N

_____

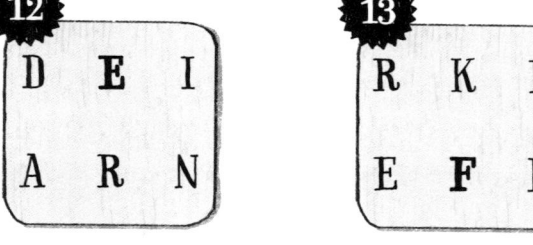

13

R	K	E
E	**F**	L

_____

14

K	B	E
C	Ä	**G**

_____

15

H	G	S
E	N	T

_____

16

A	M	E
K	A	R

_____

17

E	F	**L**
L	F	Ö

_____

Schlangenwörter für Könner

Jetzt sind es noch mehr Buchstaben. Der erste ist wieder markiert.
Die Lösung findest du auf der Rückseite.

18

K	L	I
Z	M	M
Ü	G	E

19

E	W	**Z**
I	K	A
F	P	M

20

I	C	K
L	B	K
R	Ü	C

21

E	A	H
L	T	C
L	U	**S**

22

U	N	U
N	D	N
O	R	G

23

H	C	U
T	**S**	T
A	U	B

24

P	A	P	I
C	S	R	E
H	I	F	F
N	E	H	C

25

L	E	T	T
G	S	M	I
N	U	G	I
R	E	I	N

Lösungen von Seite 87–89:

Schlangenwörter für **Anfänger**

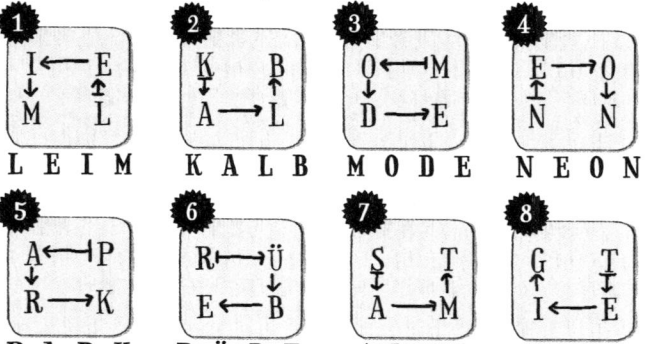

1

I ←— E
↓   ↑
M   L

L E I M

2

K   B
↓   ↑
A —→ L

K A L B

3

O ←—¹M
↓
D —→ E

M O D E

4

E —→ O
↑   ↓
N   N

N E O N

5

A ←—¹P
↓   ↓
R —→ K

P A R K

6

R ⊢—→ Ü
↑   ↓
E ←— B

R Ü B E

7

S   T
↓   ↑
A —→ M

S A M T

8

G   T
↑   ↓
I ←— E

T E I G

Schlangenwörter für **Fortgeschrittene**

9

A →M →E
          ↓
E ←S ←I

A M E I S E

10

E →C →K
↑   ↓
B   N ←E

B E C K E N

11

K ←I ←**D**
↓
T →A →T

D I K T A T

12

D   **E** →I
↑   ↓
A ←R ←N

E I N R A D

13

R →K →E
↑   ↓
E ←**F**   L

F E R K E L

14

K   B ←E
↑   ↓   ↑
C ←Ä   **G**

G E B Ä C K

15

H   G →S
↓   ↑   ↓
E →N   T

H E N G S T

16

A →M →E
          ↓
K   A ←R

K A M E R A

17

E ←F   **L**
↓   ↑   ↓
L   F ←Ö

L Ö F F E L

Schlangenwörter für **Könner**

18

K →L →I
          ↓
Z ←M ←M
↓
Ü →G →E

KLIMMZÜGE

19

E ←W ←**Z**
↓
I →K →A
          ↓
F ←P ←M

ZWEIKAMPF

20

I →C →K
          ↓
L ←B ←K
↓
R →Ü →C

RÜCKBLICK

21

E   A ←H
↑   ↓   ↑
L   T   C
↑   ↓   ↑
L ←U   **S**

SCHATULLE

22

U   N →U
↓   ↑   ↓
N   D   N
↓   ↑   ↓
O →R   G

UNORDNUNG

23

H ←C ←U
          ↑
T ←**S**   T
↓   ↑
A →U →B

STAUBTUCH

24

P →A →P →I
C ←S ←R ←E
H →I →F →F
N ←E ←H ←C

PAPIERSCHIFFCHEN

25

L ←E ←T ←T
G →S →M →I
N ←U ←G ←E
R →E →I →N

REINIGUNGSMITTEL

Milchprodukte

Kreise die Produkte ein, die aus Milch gemacht werden.

Butter

Frischkäse

Cola

Honig

Joghurt

Marmelade

Wurst

Mozzarella

Quark

Schinken

Tee

Sahne

Schmand

Tinte

Schnittkäse

Male weitere Löcher in den Käse.

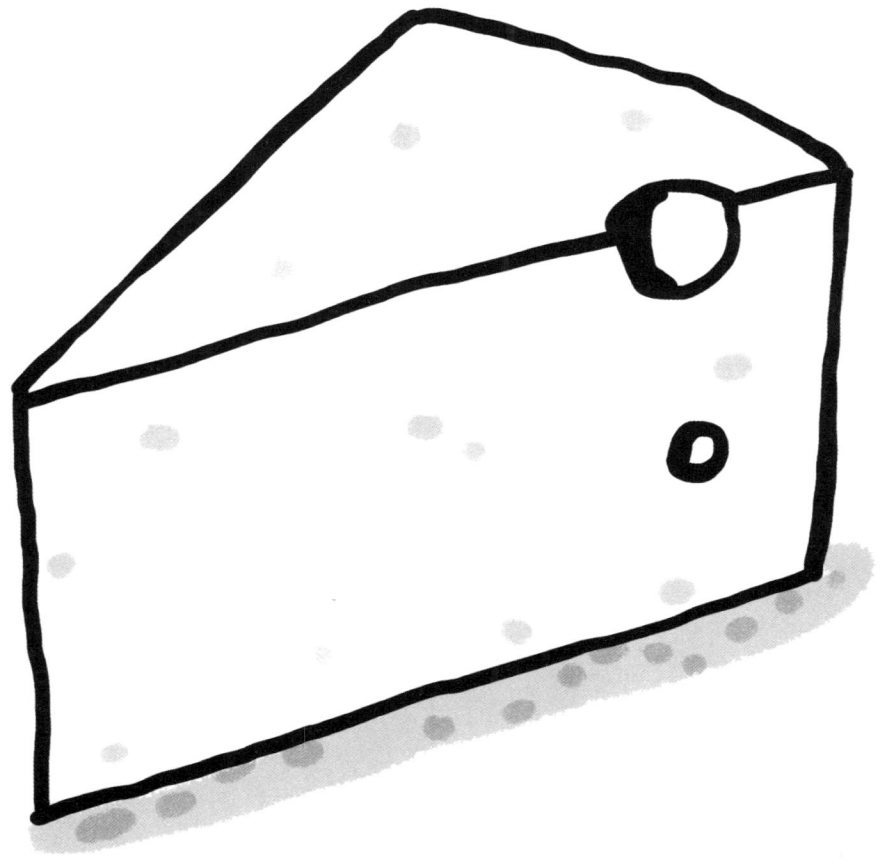

Hunderter, Zehner, Einer

Teile die folgenden Zahlen in Hunderter, Zehner und Einer auf. Mache für die Hunderter **Striche (I)**, für die Zehner **Kreuze (×)** und für die Einer **Kreise (O)**.

> BEISPIEL:
> 352 = I I I X X X X X O O

123 = _____

876 = _____

91 = _____

430 = _____

213 = _____

893 = _____

20 = _____

439 = _____

54 = _____

Lösung: 123 = I x x O O O
876 = I I I I I I I I x x x x x x x O O O O O O
91 = I I I I I I I I I O
430 = I I I I x x x
213 = I I x O O O
893 = I I I I I I I I x x x x x x x x x O O O
20 = x x
439 = I I I I x x x O O O O O O O O O
54 = x x x x x O O O O

Wie heißt die Zahl?

Und nun die Aufgabe umgekehrt: Schreibe die gesuchte Zahl auf.

a. I I I I I X X X X X O O O O O =

_____

b. I I X O =

_____

c. I I I X X X X O O O O O O OO O =

_____

d. X X X X X O O O =

_____

e. O O =

_____

f. I I I I I I I I I X X X X X X O O O O =

_____

Vögel

Bilde aus den folgenden Silben acht Vogelarten. Der erste Buchstabe der ersten Silbe ist immer großgeschrieben. Daran kannst du dich orientieren. Streiche die benutzten Silben durch, dann wird es einfacher.

ad • Blau • Bunt • chen • der • Eis • er • eu • fal • gel • ke • kehl • le • ler • mei • Mö • Rot • Schlei • se • See • specht • vo • Wan • we

1. _____

2. _____

3. _____

4. _____

5. _____

6. _____

7. _____

8. _____

Male den Buntspecht aus.

Lösung: Blaumeise | Buntspecht | Eisvogel | Möwe | Rotkehlchen | Schleiereule | Seeadler | Wanderfalke

Lückentext

Schreibe in jede Lücke die Vorsilbe, die zum jeweiligen Satz passt.
Schreibe danach das ganze Tunwort noch mal auf.

Beispiel:
Der Vater schließt die Tür abends immer <u>zu</u>. → zuschließen

1. Lina bereitet sich auf die Arbeit _____. → _____

2. Der Gärtner schneidet die Blumen _____. → _____

3. Der Vater kocht für morgen _____. → _____

4. Mein Bruder macht das Licht _____. → _____

5. Ich mache das Licht immer wieder _____. → _____

6. Der Trainer macht die Übung _____. → _____

7. Oma kocht die Früchte _____. → _____

8. Meine Eltern stehen morgens früh _____. → _____

9. Die Badewanne läuft gleich _____. → _____

10. Meine kleine Schwester läuft immer _____. → _____

Lösung: 1. vor – vorbereiten | 2. ab – abschneiden | 3. vor – vorkochen | 4. aus – ausmachen |
5. an – anmachen | 6. vor – vormachen | 7. ein – einkochen | 8. auf – aufstehen |
9. über – überlaufen | 10. weg – weglaufen

Denke dir zu jedem Tunwort einen Satz aus und schreibe ihn auf.

einreiben • auslaufen • rauswachsen • zumachen • rübergehen

1. _____

_____

_____

2. _____

_____

_____

3. _____

_____

_____

4. _____

_____

_____

5. _____

_____

_____

Zweifarbige Backware

Bilde aus den Anfangsbuchstaben der Bilder in der Reihenfolge der Pfeile den Namen einer Backware mit zwei verschiedenen Teigarten.

Lösungswort:

_ _ _ _ _ _ _ _ _ _ _

Verziere diese Torte.

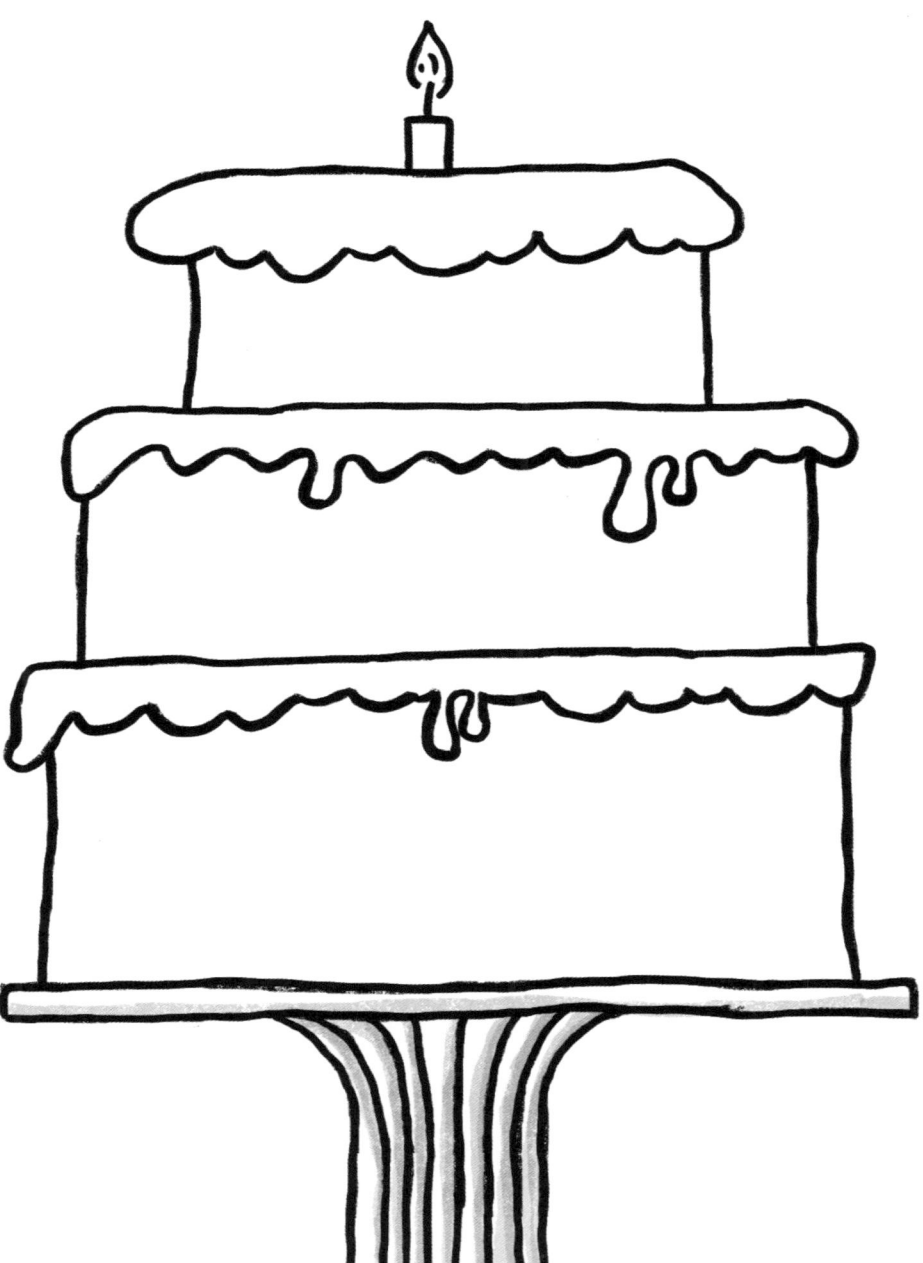

Rechendreiecke

In den Aufgaben A, B und D sind in jedem Dreieck zwei Kreise leer.
In den Aufgaben C und E sind es drei Kreise. Rechne die jeweilige
Aufgabe und trage die Ergebnisse in die leeren Kreise ein.
Achte auf die Pfeile.

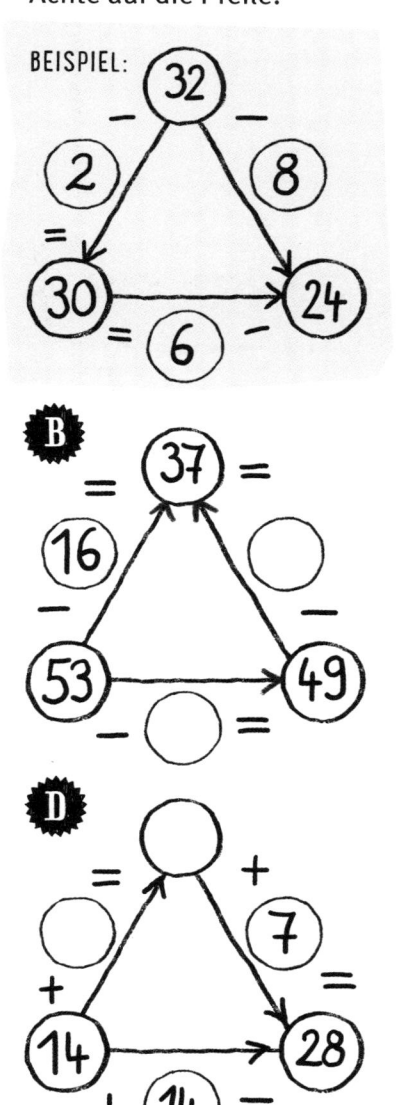

Lösung:

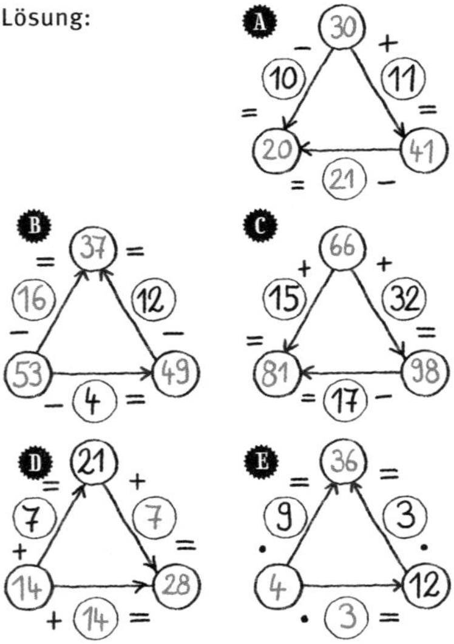

A
(30)
– (10) (11) +
= =
(20) ← (41)
= (21) –

B
= (37) =
(16) (12)
– –
(53) → (49)
– (4) =

C
(66)
+ (15) (32) +
= =
(81) ← (98)
= (17) –

D
(21)
= (7) (7) +
+ =
(14) → (28)
+ (14) =

E
(36)
= (9) (3) =
· ·
(4) → (12)
· (3) =

Male das Dreieck bunt aus.

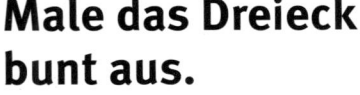

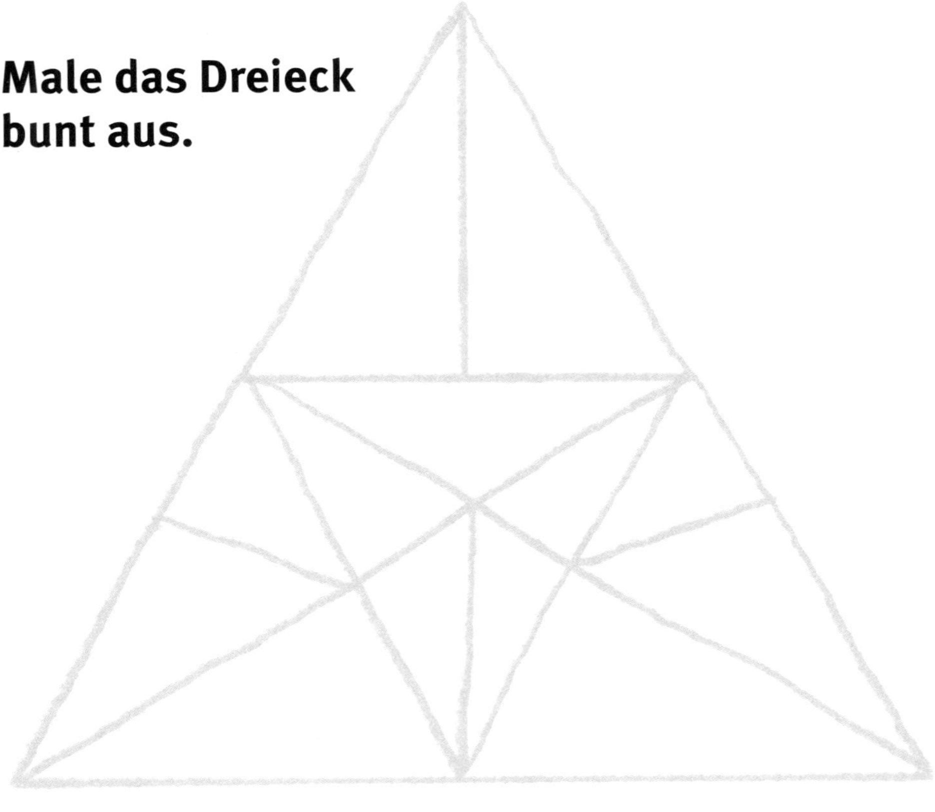

Die Wanderung der Regenwürmer

Die Regenwurmschule macht eine Wanderung. Die meisten Würmer folgen Lehrer Reginald nach rechts. Nur einige Ausreißer hören nicht hin und kriechen nach links. Wie viele sind es?

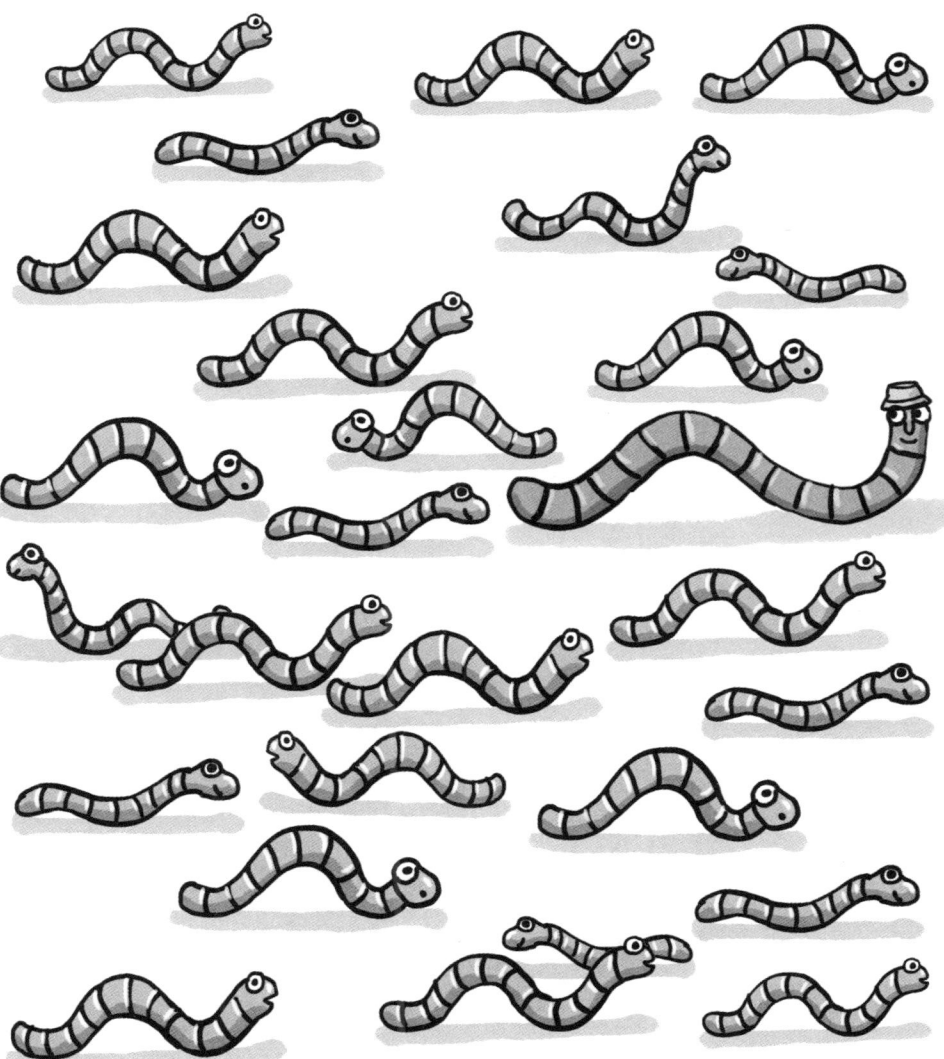

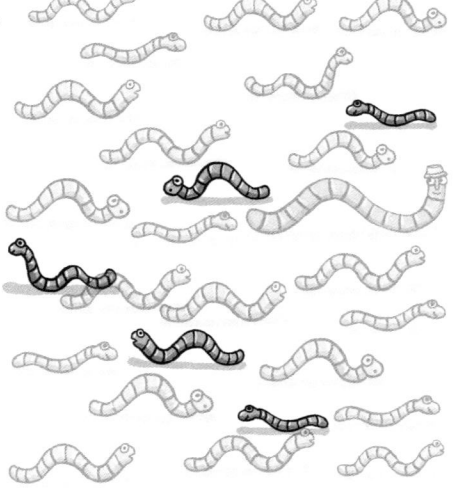

Zeichne selbst einen langen Regenwurm.

Drillinge

Verbinde immer drei Bilder, die zusammengehören, mit einem Strich.
Ein Bild bleibt übrig. Kreise es ein.

Male weitere Blumen in die Vase.

Sudoku für Fortgeschrittene

In jedem dick umrandeten Kästchen müssen die Zahlen von
1 bis 6 so verteilt werden, dass sie in jeder Spalte und Zeile
nur einmal vorkommen.

		2	4	5	
	4		3		6
5			2	4	
	3				5
			5	1	4
4	5				

Lösung:

3	6	2	4	5	1
1	4	5	3	2	6
5	1	6	2	4	3
2	3	4	1	6	5
6	2	3	5	1	4
4	5	1	6	3	2

Spiegelbild

Zeichne die rechte Hälfte der Tanne genauso wie die linke Seite.

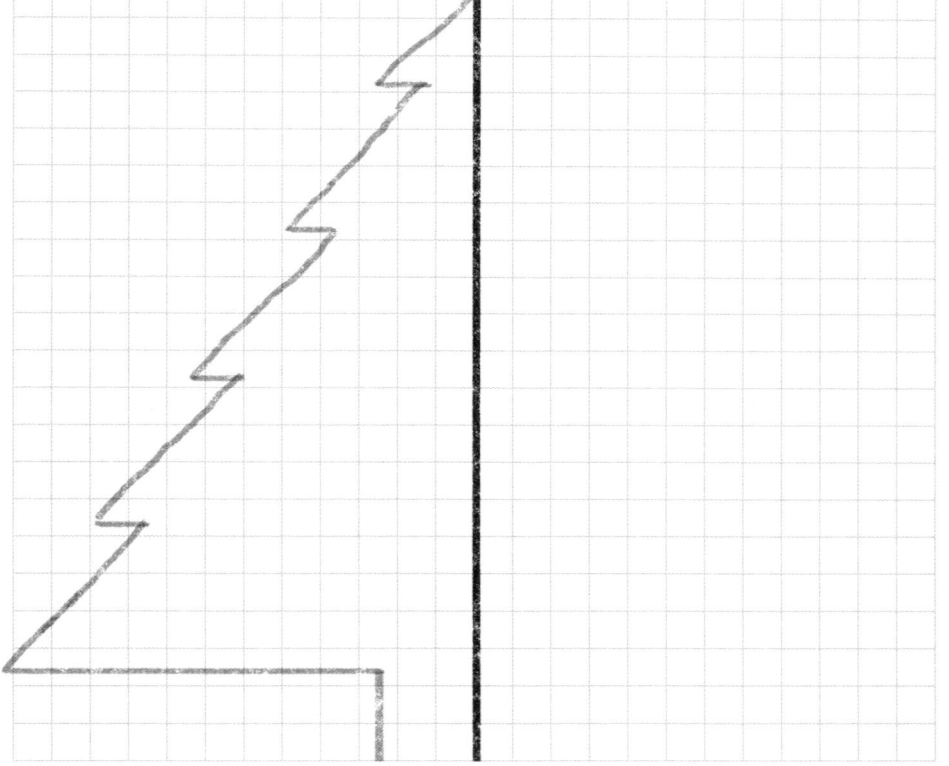

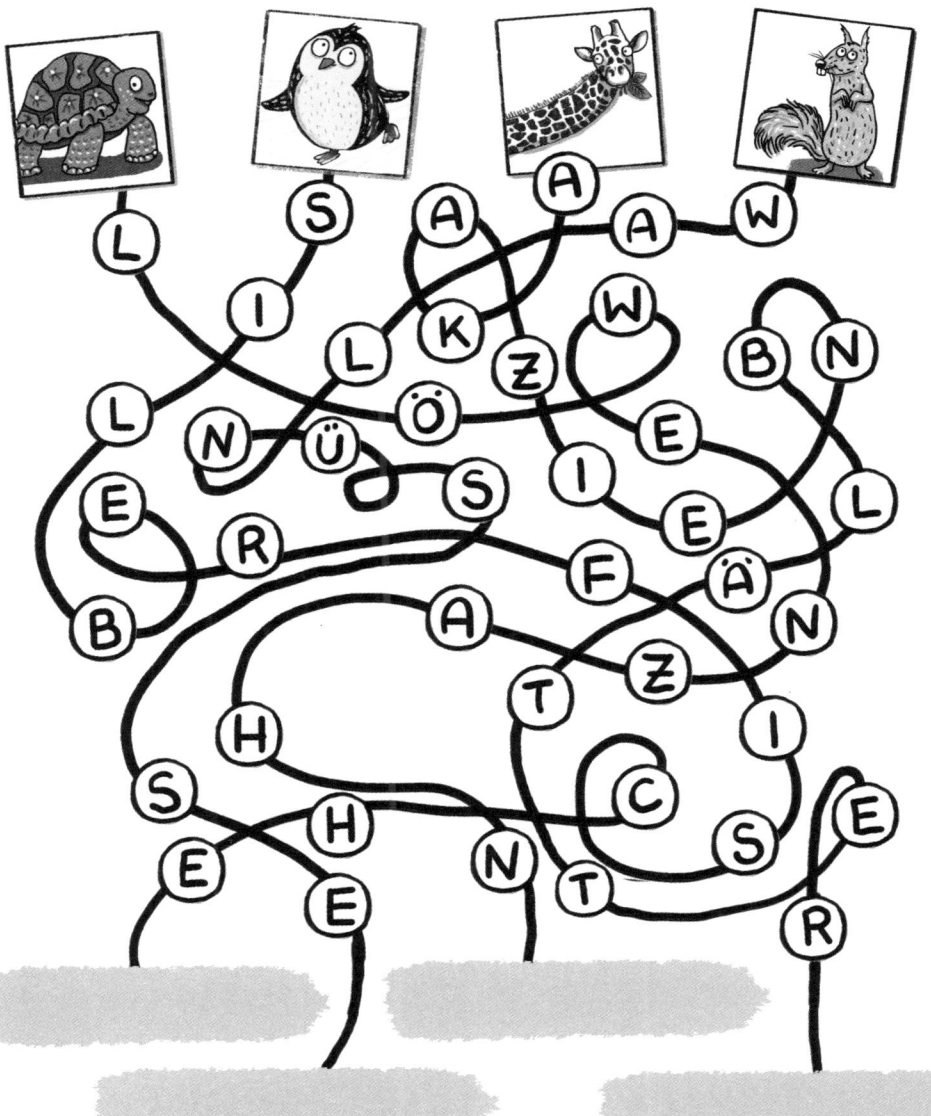

Lieblingsfutter

Folge den jeweiligen Linien, sammle die Buchstaben ein und
du erfährst, welches Futter die Tiere am liebsten mögen.
Schreibe das Lieblingsfutter unten auf.

Lösung: Schildkröte – Löwenzahn | Pinguin – Silberfische | Giraffe – Akazienblätter |
Eichhörnchen – Walnüsse

In the city

Trage die deutsche Übersetzung der englischen Vokabeln in das
Kreuzworträtsel auf der folgenden Seite ein.

1. city
2. street
3. house
4. car
5. bicycle
6. people
7. trees
8. supermarket
9. police
10. hospital
11. factory
12. playground
13. school
14. park
15. restaurant

In the city

Lösung:

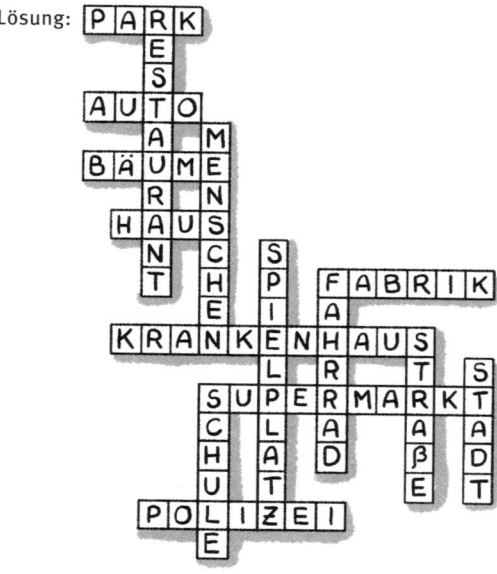

Wo und wie möchtest du mal wohnen?

Kreuze an und schreibe selbst deine Ideen auf.

○ in der Stadt   ○ auf dem Land   ○ in einer Wohnung
○ in einem Mehrfamilienhaus   ○ in einem Einfamilienhaus
○ in einem Wohnwagen   ○ auf einem Bauernhof

○ im Gebirge   ○ am See   ○ am Meer   ○ bloß keine Natur

○ mit meinen Eltern und Großeltern   ○ mit meiner eigenen Familie
○ in einer Wohngemeinschaft   ○ mit Haustieren
○ mit ganz vielen anderen Tieren

○ _____

○ _____

○ _____

Opa Horst hat Geburtstag

Die Enkel Milena, Elisa, Felix und Martha wollen ihrem Opa
zusammen ein Geburtstagsgeschenk kaufen. Opa Horst wünscht
sich einen Bildband über Lokomotiven, der 40,80 € kostet.
Dafür plündern sie ihr Sparschwein.

Milena hat 12,15 € im Sparschwein,
Elisa 11,65 €, Felix 15,25 € und Martha 10,75 €.
a. Wie viel Geld steht den Kindern zur Verfügung?
b. Wie viel muss jedes Kind für den Bildband zugeben?
c. Wie viel Geld behält jedes Kind, nachdem sie den
   Bildband gekauft haben?

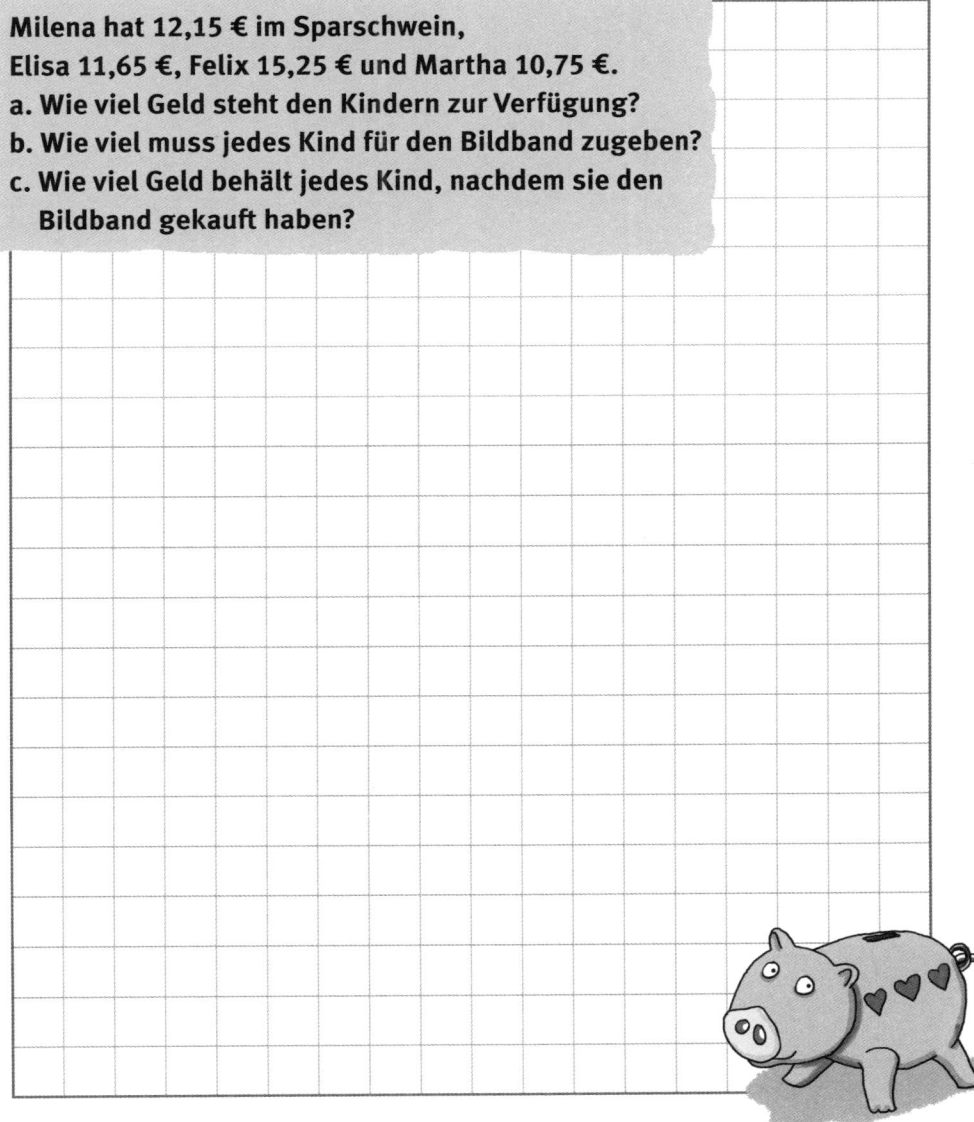

Lösung: a. 12,15 + 11,65 + 15,25 + 10,75 = 49,80 €
      b. 40,80 : 4 = 10,20 €
      c. Milena: 12,15 — 10,20 = 1,95 €
         Elisa: 11,65 — 10,20 = 1,45 €
         Felix: 15,25 — 10,20 = 5,05 €
         Martha: 10,75 — 10,20 = 0,55 €

Geburtstagswitze

Leon hat heute Geburtstag. Sagt sein Vater: „Alles Gute zum Geburtstag! Du darfst dir heute etwas wünschen!" — „Ich wünsch mir einen Dalmatiner." — „Nein, das geht nicht, wünsche dir bitte etwas anderes." — „Na gut, dann wünsche ich mir, dass wir einen Tag lang die Rollen tauschen." — „Okay, das machen wir." — „Super, dann gehen wir jetzt in die Stadt und kaufen für Leon einen Schäferhund."

Die Tochter verspricht ihrem Vater, dass er dieses Jahr so viel zum Geburtstag bekommt, dass er es nicht auf einmal tragen kann. Was bekommt der Vater?

Zwei Krawatten!

Fritzchen kommt zur Tante und sagt: „Vielen Dank für das schöne Geburtstagsgeschenk!" — „Ach, das ist doch nichts Besonderes", sagt die Tante geschmeichelt. „Ja, finde ich auch, aber Mutti sagt, dass ich mich trotzdem bedanken muss."

Die Oma hat Geburtstag und ihr Enkel holt sie stolz mit seinem ersten eigenen Auto ab, um sie zu Kaffee und Kuchen einzuladen. Oma hat Schwierigkeiten beim Einsteigen und sagt: „Sei so gut und stell mir doch bitte den Sitz mal vor." Der Enkel, ganz Gentleman, sagt: „Sitz, das ist meine Oma — Oma, das ist mein Sitz!"

Getreidearten

1. Suche im Buchstabensalat waagerecht und senkrecht diese acht
   Getreidesorten:

Dinkel • Gerste • Hafer • Hirse • Mais • Reis • Roggen • Weizen

M	H	I	R	S	E	N	G	D
B	G	T	Z	R	H	E	W	I
Q	G	X	S	G	A	J	O	N
N	E	A	V	H	F	P	N	K
K	R	O	G	G	E	N	F	E
U	S	M	Y	Z	R	Z	I	L
L	T	A	M	N	G	H	F	T
W	E	I	Z	E	N	D	Z	U
M	P	S	A	S	R	E	I	S

2. Bilde aus den folgenden Buchstaben ein Land in Nordamerika,
   in dem Mais ein Grundnahrungsmittel ist.

E I K M O X _____

Lösung: 1.

M	H	I	R	S	E	N	G	D
B	G	T	Z	R	H	E	W	I
Q	G	X	S	G	A	J	O	N
N	E	A	V	H	F	P	N	K
K	R	O	G	G	E	N	F	E
U	S	M	Y	Z	R	Z	I	L
L	T	A	M	N	G	H	F	T
W	E	I	Z	E	N	D	Z	U
M	P	S	A	S	R	E	I	S

2. Mexiko

Male die Maiskörner weiter.

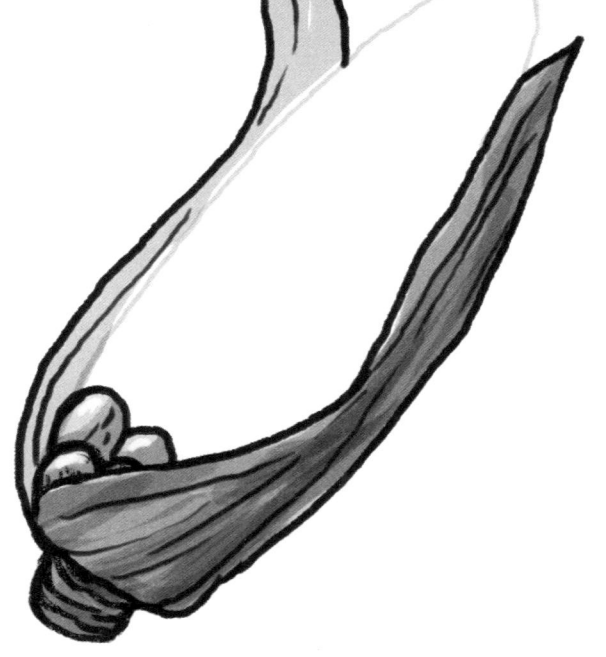

Worthälften

Verbinde immer zwei Wörter miteinander, die zusammen ein sinnvolles Wort ergeben.

Bananen	abend
Bilder	becher
Bücher	blatt
Blüten	feder
Filme	hals
Flaschen	rahmen
Geld	regal
Kaffee	schale
Kugel	schein
Vogel	schreiber

Oh!

Lösung: Bananenschale | Bilderrahmen | Bücherregal | Blütenblatt | Filmeabend | Flaschenhals | Geldschein | Kaffeebecher | Kugelschreiber | Vogelfeder

Zu Weihnachten

Trage die Bildbedeutungen in die Felder auf der nächsten Seite ein. Gesucht wird der Name eines Gebäudes, das man in der Weihnachtszeit herstellt.

Zu Weihnachten

1. _ _ L _ _ _
2. _ _ C _ _ _
3. _ I _ _
4. _ _ _ N _
5. _ _ D _ _
6. _ _ Ü _ _ _ _
7. _ C _ _ _ _
8. _ _ S _ _ _ _ _
9. _ _ N _ _ _ _
10. _ O _ _ _ _ _
11. _ L _ _ _
12. _ _ H _ _
13. Ö _ _ _ _ _ _

Lösung:

1 KELLE
2 BECHER
3 SIEB
4 KANNE
5 NUDELN
6 SCHÜSSEL
7 SCHERE
8 BESTECK
9 WALNUSS
10 KOCHTOPF
11 GLAS
12 KUCHEN
13 MÖRSER

Male das Lebkuchenhaus aus.

Rechengitter – Plusaufgaben

Löse die Plusaufgaben wie im Beispiel.

+	4	14	31	53	64
7	11				
17					
21					
39					
36					

Lösung:

+	4	14	31	53	64
7	11	21	38	60	71
17	21	31	48	70	81
21	25	35	52	74	85
39	36	53	70	92	103
36	40	50	67	89	100

Kritzle, was du magst.

Oles Leibspeise

Löse das Bilderrätsel und du erfährst, was Ole jeden Tag essen könnte.
Schreibe in die Felder das Wort, das zum Bild passt. Die markierten
Felder sind die Buchstaben, die du für die Lösung brauchst.

Lösungswort:

Lösung: Oles Leibspeise sind Bratkartoffeln.

Schreibe in die Menükarte jeweils zwei Gerichte, die du besonders gern magst.

Vorspeise:

1. _____

2. _____

Hauptgericht:

1. _____

2. _____

Nachspeise:

1. _____

2. _____

Pflanzen-Power

Sich vegan zu ernähren heißt, dass man
auf tierische Produkte verzichtet.
Kreise die Begriffe ein, die vegan sind.

Brathühnchen

Honig

Eiersalat

Gemüsebrühe

Kuhmilch

Butter

Linsenspätzle

Margarine

Gouda

Obstsalat

Salat

Schnitzel

Pilzpfanne

Salami

Tofu

Sojamilch

Lösung: Gemüsebrühe | Linsenspätzle | Margarine | Obstsalat | Pilzpfanne | Salat | Sojamilch | Tofu

Male das Gemüse bunt aus.

Spitznamen

Denke dir zu jedem Buchstaben des Alphabets einen Spitz- oder
Kosenamen aus und schreibe ihn auf dieser und auf der Rückseite auf.

A _____

B _____

C _____

D _____

E _____

F _____

G _____

H _____

I _____

J _____

K _____

L _____

M _____

Spitznamen

- N
- O
- P
- Q
- R
- S
- T
- U
- V
- W
- X
- Y
- Z

Rechengitter – Minusaufgaben

Löse die Minusaufgaben wie im Beispiel.

−	31	35	42	47	55
56	25				
67					
78					
89					
91					

Lösung:

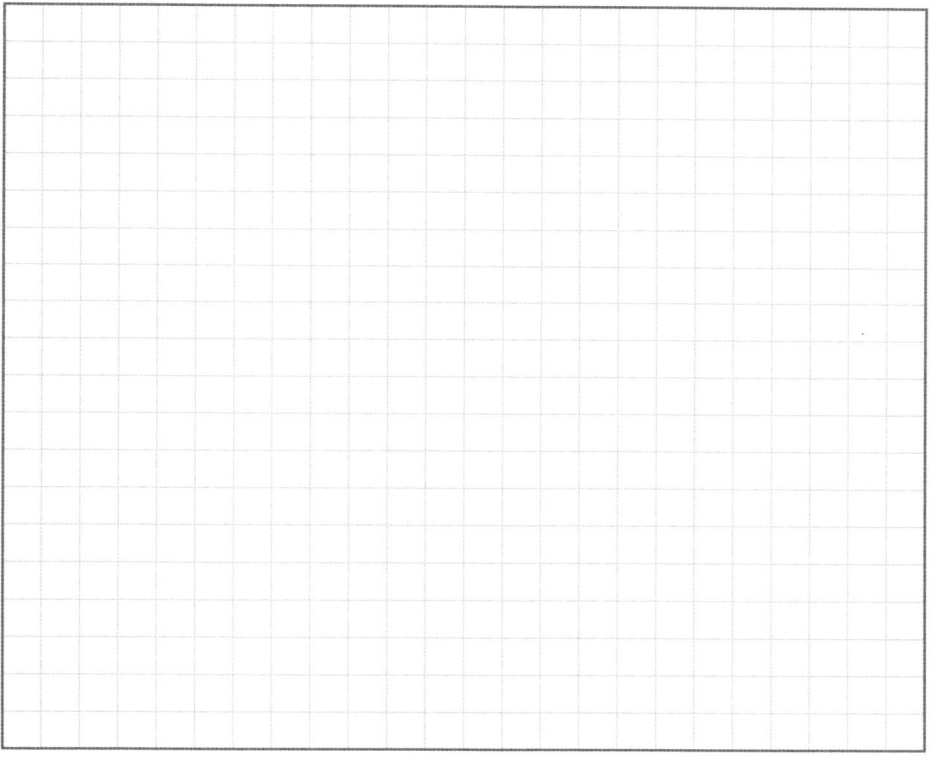

−	31	35	42	47	55
56	25	21	14	9	1
67	36	32	25	20	12
78	47	43	36	31	23
89	58	54	47	42	34
91	60	56	49	44	36

Kritzle, was du magst.

Wie heißt die denn?

Eine in Asien beheimatete Blütenpflanze hat einen komischen Namen.
Schreibe den Anfangsbuchstaben der Bilder zu den passenden
Nummern im Lösungsfeld und du erfährst den Namen der Pflanze.

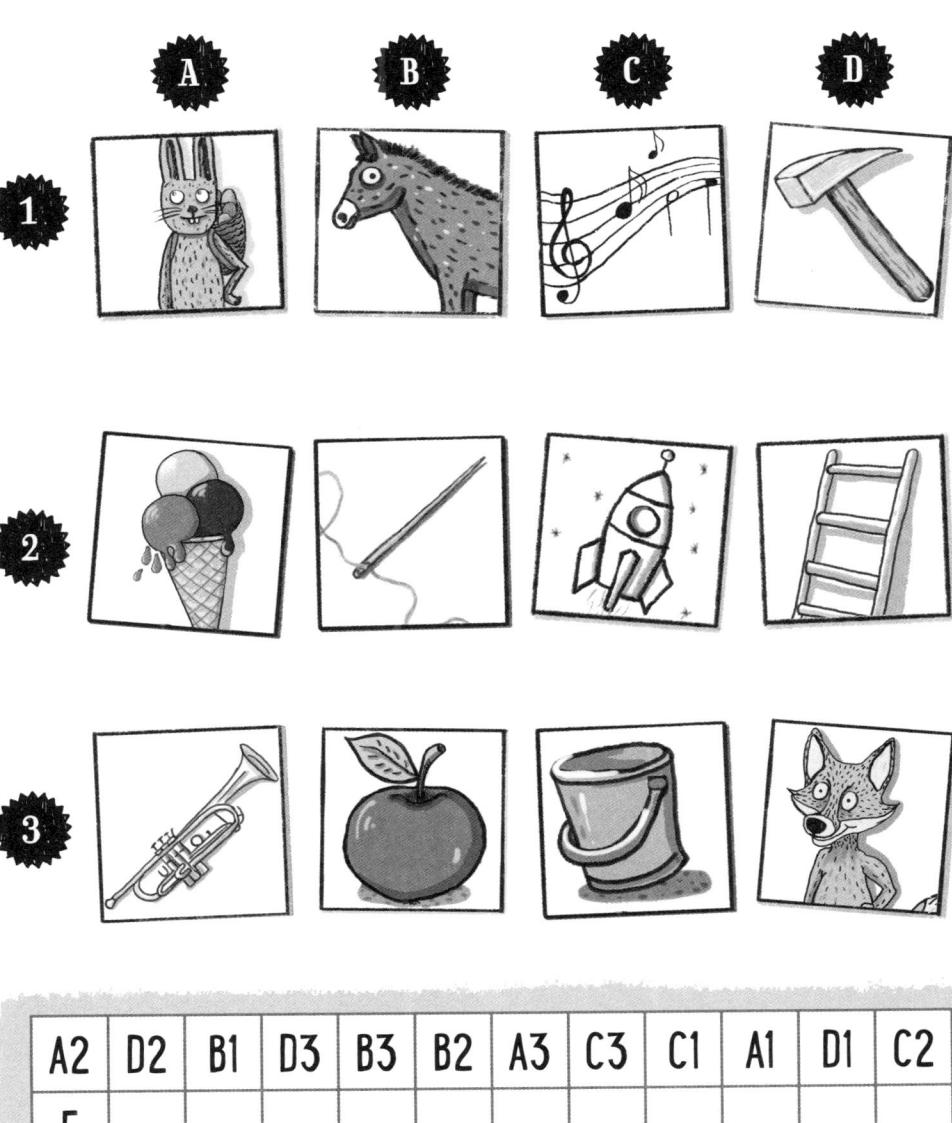

A2	D2	B1	D3	B3	B2	A3	C3	C1	A1	D1	C2
E											

Lösung: Elefantenohr

Male dem Elefanten riesige Ohren an.

Zauberei

Finde die sieben Unterschiede im zweiten Bild.

Lösung:

Manege frei!

Wo treten Clowns, Artisten und Zauberer auf, um vor Publikum ihre Kunststücke zu zeigen? Bringe die Buchstaben in die richtige Reihenfolge.

Bälleparadies

Wie viele Bälle von jeder Sorte kannst du erkennen?

LÖSUNG: **A** ____ **B** ____ **C** ____ **D** ____

Lösung: Ball A = 11 | Ball B = 9 | Ball C = 10 | Ball D = 8

Male den Wasserball bunt an.

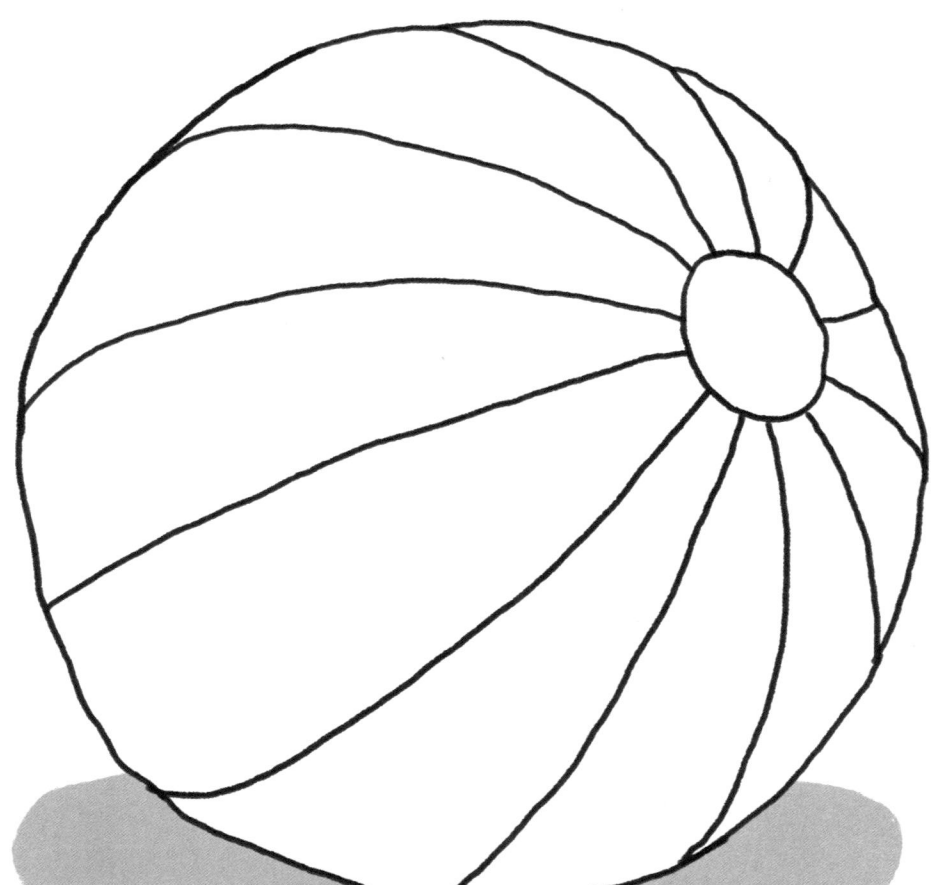

Tierischer Freund

Wie gut kennst du dich mit Hunderassen aus?
Verbinde immer eine Rasse mit dem richtigen Bild.

a Husky

b Windhund

c Dalmatiner

d Mops

e Bernhardiner

f Labrador

g Chihuahua

h Pudel

i Dackel

Schreibe deine Lieblingstiere auf oder male sie.

Natürlich

Setze in die Lücken die fehlenden Selbstlaute **A, E, I, O** und **U** ein.

OBST:

__ R D B __ __ R __

__ P R __ K __ S __

P F L __ __ M __

GEMÜSE:

B L __ M __ N K __ H L

K __ R T __ F F __ L

P __ P R __ K __

BLUMEN:

S __ N N __ N B L __ M __

__ S T __ R G L __ C K __

R __ T T __ R S P __ R N

SINGVÖGEL:

B L __ __ M __ __ __ S __

B __ C H F __ N K

M __ __ __ R S __ G L __ R

Male Vögel, die in diesem Nest sitzen.

Auf dem Bauernhof

Siggi Holzbuddel lebt mit seiner Frau und drei Kindern auf dem Bauernhof. Außer der Familie leben vier Schweine, zehn Kühe, drei Schafe, zwei Ziegen, zwei Pferde, ein Hund, zwei Katzen und vier Hausmäuse auf dem Bauernhof. Wie viele Beine haben alle Personen und Tiere zusammen?

Lösung: Familie Holzbuddel hat zusammen 10 Beine. Vier Schweine haben 16, zehn Kühe 40, drei Schafe 12, zwei Ziegen 8, zwei Pferde 8, ein Hund 4, zwei Katzen 8 und die vier Hausmäuse 16 Beine

$10 + 16 + 40 + 12 + 8 + 8 + 4 + 8 + 16 = 122$ Beine

Male ein paar Spinnen in das Netz.

Schattenblume

Welcher Schatten gehört zu der Blume in der Mitte?

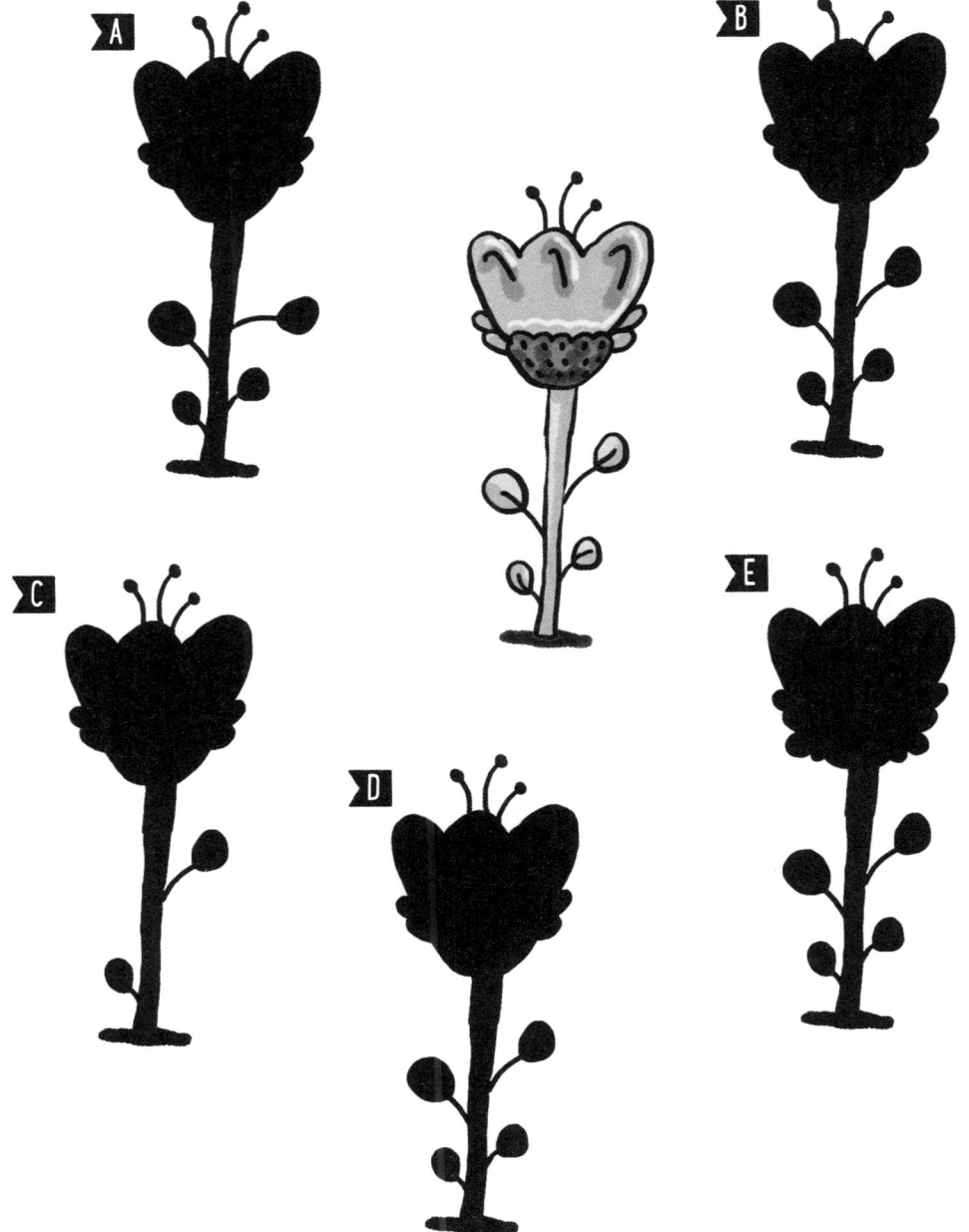

Lösung: D ist die richtige Schattenblume.

Scherzfragen aus dem Pflanzenreich

Was wird zuerst gelesen und danach verspeist?

Die Weintrauben

Was brennt Tag und Nacht ohne Strom?

Die Brennnessel

Welche Birne wird niemals faul?

Die Glühbirne

Welches Gemüse ist immer lustig?

Die Kichererbse

Welche Pflanze hat zwei G?

Der Baum, er hat Zwei-ge.

Warum lassen Ostfriesen ihre Gartentür offen?

Damit die Pflanzen frische Luft bekommen.

Was versteckt sich vor der Polizei, ist grün und sauer?

Ein Essig-Schurke

Was ist grün und klopft an die Tür?

Ein Klopfsalat

Was ist braun und sitzt hinter Gittern?

Eine Knastanie

Was ist orange und geht über die Berge?

Eine Wanderine

Sudoku für Fortgeschrittene

In jedem dick umrandeten Kästchen müssen die Zahlen von
1 bis 9 so verteilt werden, dass sie in jeder Spalte und Zeile
nur einmal vorkommen.

3	2	1		5		9	4	7
7	8			1			6	5
		6	7		4	1		
5	4	9				7	8	6
	7		4	8			1	
8			9		6	5		
1		5		6		4		2
	3		2		7		5	
2		7		4		8		3

Lösung:

3	2	1	6	5	8	9	4	7
7	8	4	3	1	9	2	6	5
9	5	6	7	2	4	1	3	8
5	4	9	1	3	2	7	8	6
6	7	2	4	8	5	3	1	9
8	1	3	9	7	6	5	2	4
1	9	5	8	6	3	4	7	2
4	3	8	2	9	7	6	5	1
2	6	7	5	4	1	8	9	3

Male neun verschiedene Blüten.

Jetzt aber schnell

Nina muss mal ganz dringend. Hilf ihr den Weg zum Klo zu finden.

Lösung:

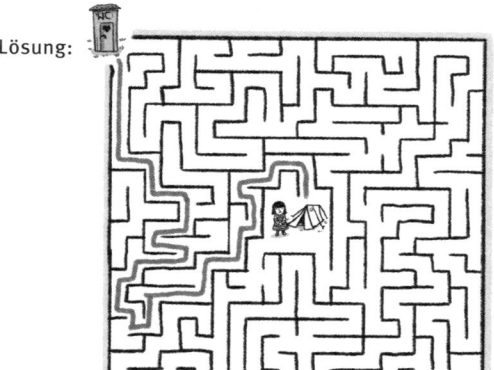

Nenne 10 Dinge, die du auf einen Campingplatz mitnehmen würdest.

1

2

3

4

5

6

7

8

9

10

Ballpyramide

In dieser Pyramide ist die Zahl auf jedem Ball die Summe der zwei Bälle, auf denen er liegt. Rechne die fehlenden Zahlen aus.

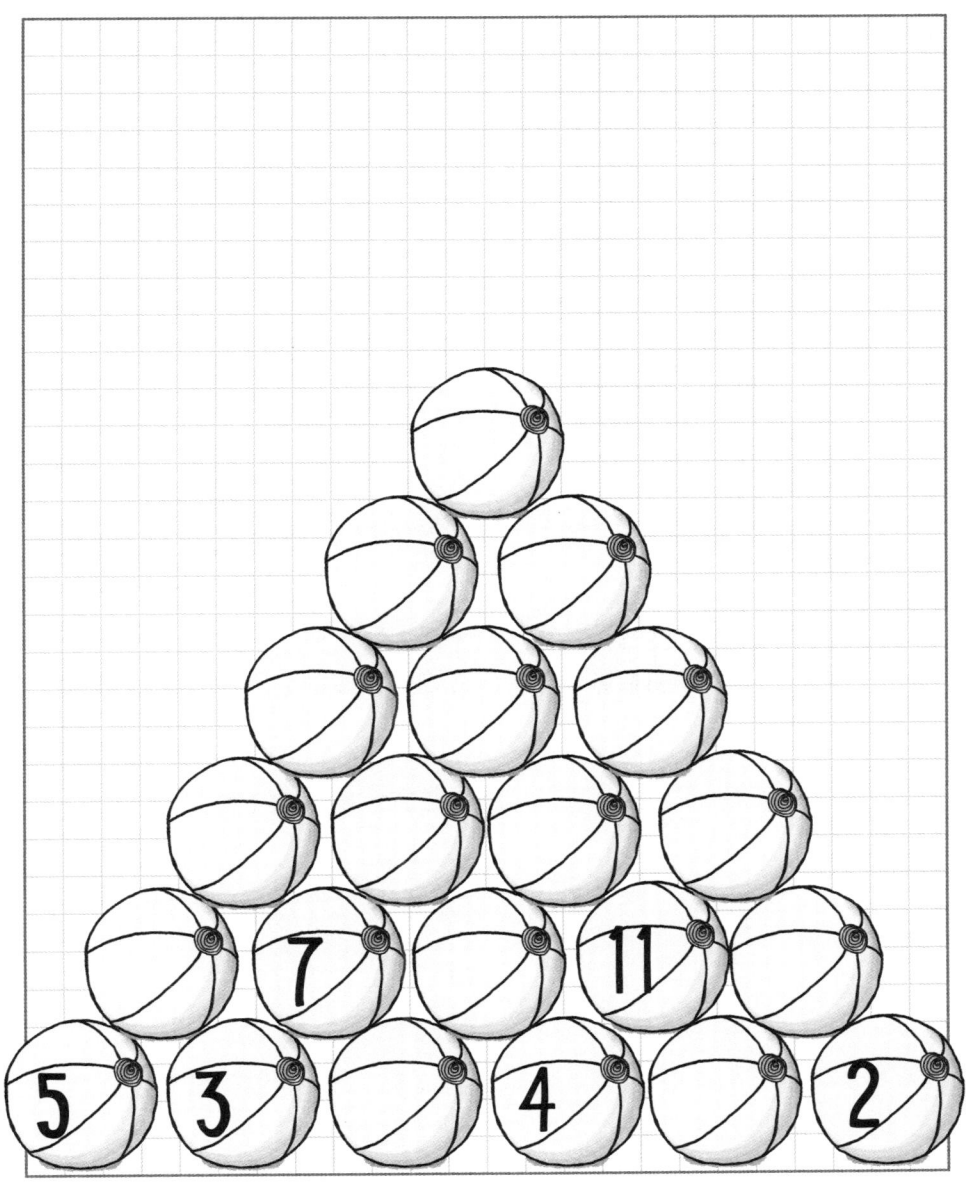

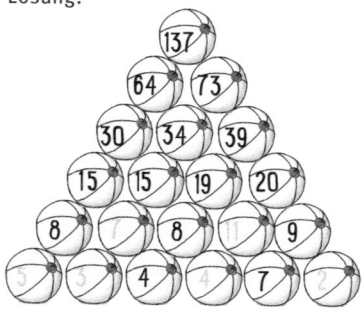

Male die Bälle bunt aus.

Weich wie ein Fell

Gesucht wird der Name einer Baumblüte, die weich ist und aus mehreren nicht erkennbaren Einzelblüten besteht. Diese hängen wie eine Traube an den Zweigen hinunter. Schreibe die Buchstaben in der zweiten Traube in der Reihenfolge der ersten Traube auf.

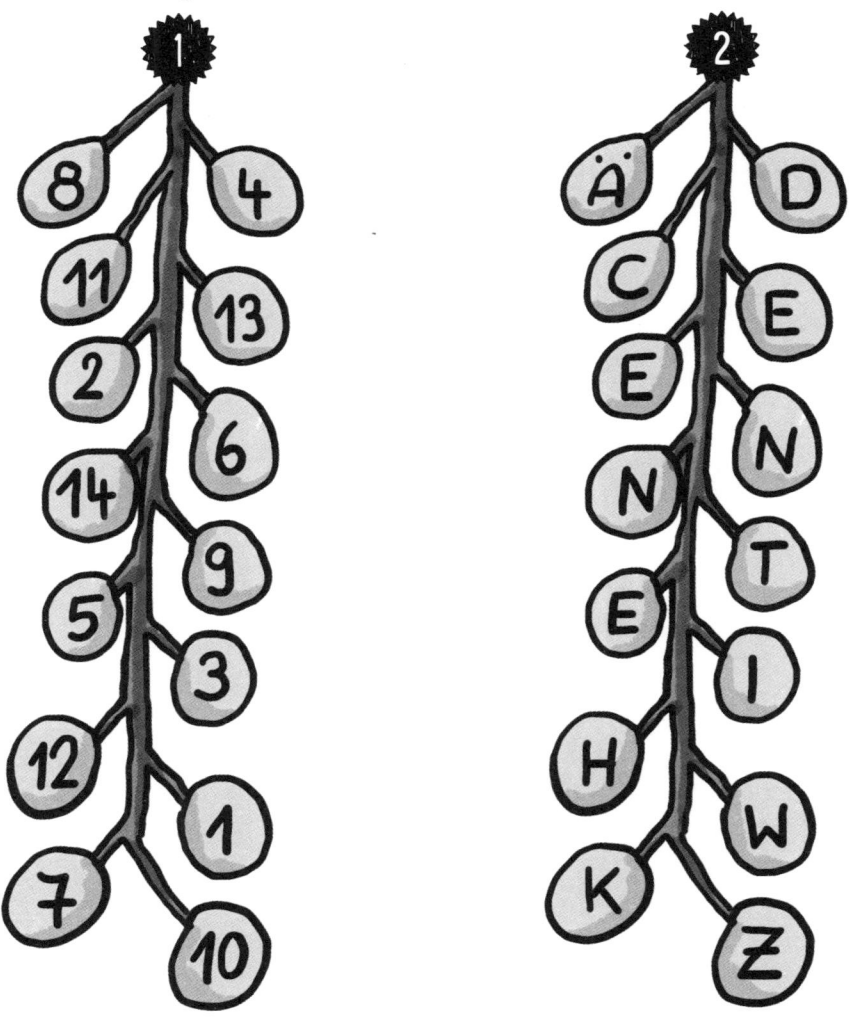

Lösungswort:

Male Weidenkätzchen an die Zweige.

Lebendig oder ausgedacht?

Rate, welcher der beiden Tiernamen in jeder Zeile
nicht erfunden ist. Kreise ihn ein!

TASCHENRATTE	RUCKSACKMAUS
DOSENSCHILDKRÖTE	TÜTENKROKODIL
OH HO	AH HA
FETTNATTER	SCHLANKBOA
BUCKELZIRPE	PICKELGRILLE
DUMMNASE	BLÖDAUGE
ZEBRARENNSCHNECKE	ESELLAUFWURM
SCHMUCKSTORCH	KLUNKERKRANICH
AUTOKRÖTE	MOTORRADFROSCH
SCHOKOLADEN-FRUCHTZWERG	GUMMITIER-GEMÜSERIESE
PISTOLENKREBS	DEGENGARNELE
ANTENNENWELS	SATELLITENKARPFEN
SCHREIGORILLA	BRÜLLAFFE
MOORHASE	SUMPFKANINCHEN

Lösung: Taschenratte | Dosenschildkröte | Ah ha (Wespe) | Schlankboa (Schlange) |
Buckelzirpe (Insekt) | Blödauge (Schlange) | Zebrarennschnecke | Klunkerkranich |
Motorradfrosch | Schokoladen-Fruchtzwerg (Fledermaus) | Pistolenkrebs | Antennenwels
(Fisch) | Brüllaffe | Sumpfkaninchen

Denke dir für folgende Tierarten einen lustigen Namen aus:

SPINNE:

VOGEL:

KATZE:

HUND:

FISCH:

GIRAFFE:

ELEFANT:

NAGETIER:

KÄFER:

REPTIL:

Urlaubsort

Wo kann man mit der Familie seine Ferien verbringen?
Schreibe zuerst alle Bildbedeutungen auf. Die erste Zahl sagt dir,
den wievielten Buchstaben aus dem jeweiligen Wort du jetzt
verwenden musst. Die zweite Zahl verrät, an welche Stelle dieser
Buchstabe ins Lösungsfeld eingetragen werden muss.

1	2	3	4	5	6	7	8	9	10	11	12

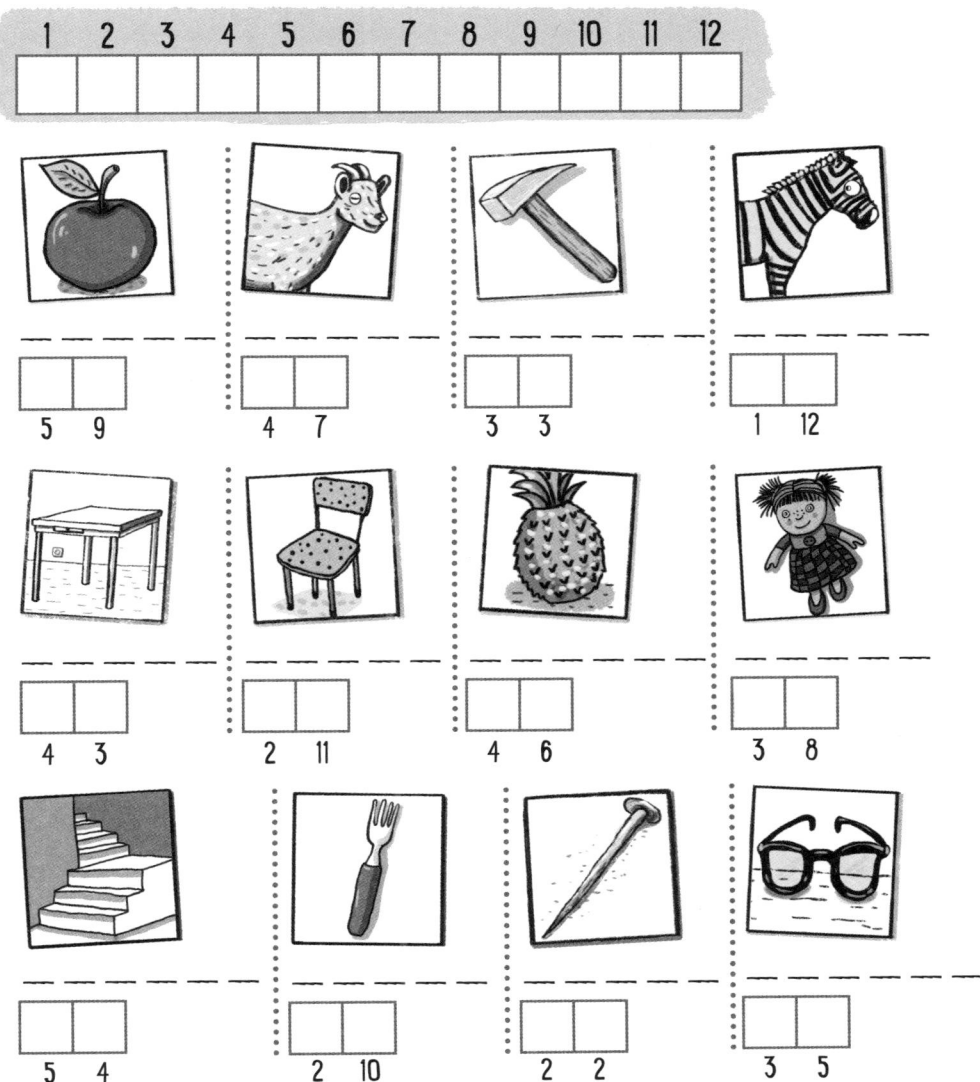

5	9

4	7

3	3

1	12

4	3

2	11

4	6

3	8

5	4

2	10

2	2

3	5

Lösung:

	1	2	3	4	5	6	7	8	9	10	11	12
Auf dem	C	A	M	P	I	N	G	P	L	A	T	Z

Male ein Zelt, wie es dir gefällt.

Mein Platz

zum Kritzeln, Schreiben, Malen, Rechnen!

Mein Platz

zum Kritzeln, Schreiben, Malen, Rechnen!

Mein Platz

zum Kritzeln, Schreiben, Malen, Rechnen!

Mein Platz

zum Kritzeln, Schreiben, Malen, Rechnen!